D1856668

Wendelin Schlosser • Das Leben hat einen tiefen Sinn

Wendelin Schlosser

Das Leben hat einen tiefen Sinn

Gedichte

AUGUST VON GOETHE LITERATURVERLAG

IM GROSSEN HIRSCHGRABEN ZU FRANKFURT A/M

Das Programm des Verlages widmet sich
– in Erinnerung an die
Zusammenarbeit Heinrich Heines
und Annette von Droste-Hülshoffs
mit der Herausgeberin Elise von Hohenhausen –
der Literatur neuer Autoren.
Das Lektorat nimmt daher Manuskripte an,
um deren Einsendung das gebildete Publikum
gebeten wird.

©2012 FRANKFURTER LITERATURVERLAG FRANKFURT AM MAIN
Ein Unternehmen der Holding
FRANKFURTER VERLAGSGRUPPE
AKTIENGESELLSCHAFT AUGUST VON GOETHE
In der Straße des Goethehauses/Großer Hirschgraben 15
D-60311 Frankfurt a/M
Tel. 069-40-894-0 ✱ Fax 069-40-894-194
E-Mail: lektorat@frankfurter-literaturverlag.de

Medien- und Buchverlage
DR. VON HÄNSEL-HOHENHAUSEN
seit 1987

Websites der Verlagshäuser der Frankfurter Verlagsgruppe:

www.frankfurter-verlagsgruppe.de
www.frankfurter-literaturverlag.de
www.frankfurter-taschenbuchverlag.de
www.august-goethe-literaturverlag.de
www.fouque-literaturverlag.de
www.weimarer-schiller-presse.de
www.deutsche-hochschulschriften.de
www.deutsche-bibliothek-der-wissenschaften.de
www.haensel-hohenhausen.de

Bibliografische Information der Deutschen Nationalbibliothek
Die Deutsche Nationalbibliothek verzeichnet diese Publikation in der Deutschen
Nationalbibliografie; detaillierte bibliografische Daten sind im Internet
über http://dnb.d-nb.de abrufbar.

Lektorat: Annette Sunder
Umschlagbild: Dagmar Zechel / pixelio.de

ISBN 978-3-8372-1108-5

Die Autoren des Verlags unterstützen den Bund Deutscher Schriftsteller e.V.,
der gemeinnützig neue Autoren bei der Verlagssuche berät.
Wenn Sie sich als Leser an dieser Förderung beteiligen möchten, überweisen Sie bitte
einen – auch gern geringen – Beitrag an die Volksbank Dreieich, Kto. 7305192, BLZ 505 922 00,
mit dem Stichwort „Literatur fördern". Die Autoren und der Verlag danken Ihnen dafür!

Dieses Werk und alle seine Teile sind urheberrechtlich geschützt.
Nachdruck, Speicherung, Sendung und Vervielfältigung in jeder Form,
insbesondere Kopieren, Digitalisieren, Smoothing, Komprimierung, Konvertierung in andere Formate,
Farbverfremdung sowie Bearbeitung und Übertragung des Werkes oder von Teilen desselben in andere Medien
und Speicher sind ohne vorgehende schriftliche Zustimmung des Verlags unzulässig und werden auch strafrechtlich verfolgt.

Gedruckt auf säurefreiem, alterungsbeständigem Papier,
hergestellt aus chlorfrei gebleichtem Zellstoff (TcF-Norm)

Printed in Germany

Birke

Ohne Zärtlichkeit und Liebe,
geht die Birke langsam ein,
sie erlebte viele Hiebe
und ganz wenig Sonnenschein.
Deine Zweige sind wie Hände,
streicheln liebevoll die Brust
und die Tränen ohne Ende
stillen Sehnsucht und den Durst*.
Hast zum Abschied mir gewunken,
mit den Zweigen hin und her,
und dein Haupt so tief gesunken,
denn wir sehen uns nicht mehr.

* Trank Birkensaft

Das Leben hat einen tiefen Sinn

Das Leben hat
einen tiefen Sinn,
er ist viel tiefer,
als du es meinst,
ist im Kopf und Herz
nur Kummer drin,
des Kummers wegen
du nur noch weinst,
ist das Leben umzingelt
von schweren Plagen,
so sollst du
auf keinen Fall verzagen
und über Gegenwart
und Zukunft klagen;
suche den lieben Gott
und finde ihn!
Nur mit Gott
hat das Leben einen Sinn!

Dialog

Vater, seit wann bist du denn gläubig,
seit wann predigst du sein Wort,
ist es denn nicht blauäugig,
zu glauben an den Gott?!

Seit wann ist es denn dir geheuer,
Bezug Hölle und Fegefeuer,
lieber Vater, kannst du mir sagen,
wie schmerzhaft sind denn dort die Plagen?

Wie schaut es aus, am Jüngsten Tag,
wie macht Gott denn sie lebendig,
ohne Hilfe, eigenhändig,
nur mit einem Hirtenstab,
holt er die Toten aus dem Grab,
als ob es noch nie die Toten gab?

Ich kann es leider nicht verstehen,
wie können Menschen auferstehen,
wie kann die Seele Flügel kriegen
und wie ein Vogel gen Himmel fliegen?

Die Kirche macht mir schwer zu schaffen,
der Mensch entsprang dem wilden Affen,
Vater, die Entwicklung heißt Evolution,
das ist halt für dich eine Revolution!

Vater, bin ich nachts mal in der Eifel,
oder auf einem anderen Berg,
so bin ich leider voller Zweifel
und sehe am Himmel kein Gotteswerk.

Wenn man Richtung Himmel schaut,
so kann man Gott nur schwer verstehen,
gibt es denn die Seele überhaupt?
Und warum kann man sie nicht sehen?

Ich habe Fragen über Fragen,
die Gedanken tun mich plagen,
wie ist es denn im Himmelreich,
sind da die Seelen alle gleich?

Vater, wenn man die Kirche so anschaut,
so stellt man fest, sie hat viel Mist gebaut,
manche Priester haben verloren die Moral,
es ist keine Kirche, es ist ein Jammertal.

Der Mensch ist voller Power, er hat richtig Saft,
aus Atom erzeugt er Energie,
nicht Gott, sondern der Mensch hat Kraft,
Vater, ich glaubte an Gott noch nie.

Gott ist weit, blass und matt,
Vater, es ist doch ein Wahn,
dass Gott die Welt erschaffen hat,
ich glaube nicht daran.

Ich bin dir jetzt die Antwort schuldig,
ich hörte zu, ich war geduldig.

Ich fragte mich, wo gehst du hin?
Hat das Leben noch einen Sinn?
Was kann mir bieten diese Welt?
Es kam sehr schnell ins Spiel das Geld,
Drogen, Reichtum und Konsum,
machen nur die Menschen dumm,
die Welt war von Schmutz so richtig feist,

sie gab keine Nahrung meinem Geist,
Kummer, Elend und die Sorgen,
liebes Kind, sie blieben nicht verborgen,
die Welt konnte mich nicht mehr binden,
sie konnte auch den Schmerz nicht lindern,
eine Antwort war nicht leicht zu finden,
die Lösung musste aber kommen bald,
ich brauchte im Leben endlich Halt,
meine Seele war ausgebrannt,
ich suchte nach einer festen Hand,
ich konnte mich nicht mehr orientieren,
ich war im Griff, das Leben zu verlieren,
ich wäre fast schon draufgegangen,
ein Kloster hat mich aufgefangen,
Gott erhörte meine Klage,
ich besuchte Einkehrtage,
auf einmal wurde mir bewusst,
hätte ich das vorher schon gewusst,
um Krieg und Elend zu vermeiden,
soll man lieben auch die Heiden,
wir kämpfen alle für den Frieden,
tun aber nicht den Nächsten lieben,
obwohl er hängt am letzten Faden,
beißt man ihn in seine Waden,
hat er Hunger und ist bedroht,
so reich die Hand und gib ihm Brot,
man soll nicht töten und nicht hassen,
man soll die Menschen leben lassen,
man soll nicht lügen und nicht stehlen,
keine fremde Frau begehren,
um zu bekommen Gottessegen,
soll man dem Feind sehr wohl vergeben,
hast du auf deiner Reise Gott als Begleiter,
so kommst du mit Geduld und Demut sehr viel weiter,
unsere Macht ist leider sehr beschränkt,

wenn Gottessegen über uns nicht hängt,
man soll nicht alles dem Schicksal überlassen,
aber man soll auch Herrgott walten lassen,
um eine schnelle Genesung zu erleben,
soll man die Krankheit in seine Hände legen,
das Immunsystem rüttelt der Glaube auf,
die Heilung nimmt jetzt endlich einen raschen Lauf,
mein liebes Kind, wir können wetten,
nicht alles regeln die Tabletten!
Liebes Kind, jeder weiß, wie der Slogan heißt:
„Im gesunden Körper wohnt ein gesunder Geist."
Hat man nach dem Heiligen Geist Verlangen,
so kann ihn nur ein reines Herz empfangen,
du hast Recht, mein liebes Kind,
ins Gesicht bläst rauer Wind,
auf dem Abstellgleis ist die Moral,
Kirche befindet sich im Jammertal!
Liebes Kind, es gibt ein' Grund zum Klagen,
wir müssen dem Satan widersagen,
die Heuchler an den Pranger stellen
und ihren Namen offen nennen,
man hat das Evangelium ganz dreist verraten,
manche Pfarrer sind auf schiefe Bahn geraten,
sie haben geschwiegen und gelogen,
den Glauben haben sie verbogen,
das Antlitz Gottes durch Dreck gezogen,
die Gläubigen verletzt und tief betrogen,
der Glaube ist auf schwerer See und Wogen,
weil solche Priester Gottesverräter sind,
vergriffen sie sich an dem schwachen Kind!
Um Gotteslästerung zu verbergen,
gab die Kirche Schutz den bösen Schergen,
die Pfarrer machten kaputt das Gotteshaus,
es treten Leute aus der Kirche aus,
das Kreuz ist umarmt von tiefen Wolken,

das Sakrileg bleibt nicht ohne Folgen,
der Fisch fängt an, leider vom Kopf zu stinken,
wie soll man dieses Elend überwinden?
Über den Schaden, der entstanden ist,
reibt sich die Hände der Atheist!
Die Verräter gibt es in allen Schichten,
auf solche Priester können wir verzichten!
Die Schergen sind nicht der liebe Gott,
sie haben leider beschmutzt sein' Ort,
über der Kirche hängt eine dunkle Nacht,
um deinen Glauben hat sie dich gebracht,
es kocht und brotzelt unter der Haube,
Kind, der Pfarrer, er ist nicht der Glaube!
Soll doch der Verräter nehmen seinen Hut,
der Glaube ist von Gott und er ist gut!!
Ob im Fegefeuer oder in der Hölle,
mein Kind, da sind wir nicht auf einer Welle,
ob Christen oder Heiden,
man erfährt gerechtes Leiden,
es kann nicht sein, dass die Verbrecher
so schlimm und grausam wie der Schächer!
Menschen ohne Skrupel und Gewissen!
Dass die nicht in die Hölle müssen!
Für die Frommen wäre es Schmach und Hohn!
Wenn Schächer säßen neben Gottesthron!
Mithilfe Gottes bekam ich die Wende,
mein liebes Kind, ich bin noch nicht zu Ende,
im Dritten Reich und in der Sowjetunion,
waren Braune und Rote auf dem Thron,
viele Christen haben sie auf dem Gewissen,
mein liebes Kind, das musst du auch noch wissen,
sie haben sehr Schlimmes angerichtet,
Menschen eingesperrt und sie vernichtet,
die Gläubigen hinter Stacheldraht gebracht,
sie geschlagen, verspottet und ausgelacht,

in einem stalinistischen Arbeitslager,
wird der Häftling schmal und ziemlich mager,
auch im Lager, im Dritten Reich,
wurde der Häftling schmal und bleich,
sie wurden getreten und geschlagen,
nur am Hungertuch durften sie noch nagen,
auch in anderen Diktaturen,
mussten die Sträflinge ständig spuren,
die Häftlinge hatten nichts verbrochen,
für das System mussten sie malochen,
sie quälte nicht nur der Diktator,
sondern auch der Usurpator,
in diesem Fall soll man nicht vergessen,
die Apparatschiks* haben gut gegessen,
auch des Diktators treue Diener,
aßen Hühnersuppe und die Hühner,
für Häftlinge blieb das Essen außen vor,
für sie blieb verriegelt das Küchentor,
es gab nur ein schmales Brot und Wasser,
von den Sadisten und Menschenhasser,
das bisschen Kraft ist schnell zerronnen,
die Arbeit hat die Kraft genommen,
die Misshandlung konnte nicht verborgen bleiben,
die Arbeit machte aus den Menschen Leichen,
schwere Arbeit nahm ihnen das Leben,
lieber Gott, gib ihnen deinen Segen,
kein Verbrecher kann die Seelen schänden,
denn sie sind beim Gott, in seinen Händen,
die Mörder können nicht immer siegen,
die gerechte Strafe werden sie einst kriegen,
Kopf und Kragen werden sie verlieren
und in der Hölle sich einquartieren,
lieber wären die Banditen nicht geboren,
jetzt müssen sie ewig in der Hölle schmoren,
vom Blitz und Donner werden sie einst erschlagen,

schrecklich sind des Teufels und des Feuers Plagen,
es kann nicht sein, dass so ein Schwein,
in seinen Himmel kommt hinein.
Eine Legende möchte ich dir erzählen,
wie Gott Mephisto Leviten hat gelesen,
als Mephisto nach oben kam,
war er ein alter, schwacher Mann,
Mephisto fühlte sich ganz verlassen,
in den dunklen, kalten Gassen,
weit und breit sah er kein Licht,
kein Lebewesen, kein Gesicht,
sein Herz schlug immer schneller,
vom großen Feuer ward es heller,
ihn überfiel eine heiße Welle,
als er stürzte in die Hölle,
sein Körper war jetzt eine Wunde,
es flog ein Schrei aus seinem Munde:
„Wie lange muss ich denn hier bleiben,
wie lange muss ich denn hier leiden?"
Herrgott lachte Mephisto aus:
„Aus der Hölle kommt keiner raus,
auf der Erde hast du mich vergessen,
vom Bösen wurdest du besessen,
du warst Sadist, du warst auch dumm,
darum brachtest du die Leute um,
der Satan konnte für dich denken,
dich wie Marionette lenken,
für Satan war es eine Freude,
als in Lagern starben Leute,
in deinen Lagern floss das Blut,
du gabst dem Bösen Kraft und Mut,
er hat zum Mephisto dich ernannt,
dein Porträt hing an seiner Wand,
es hing im Satan sein Büro,
dich zu sehen war er froh,

leiden musst du ewig jetzt,
nach dem christlichen Gesetz,
jetzt musst du Freundchen ewig brennen,
dein Blut wird sieden in den Venen,
um loszuwerden Hass und Neid,
bekamst du von mir sehr viel Zeit,
du wolltest dich gar nicht bekehren,
gegen den Bösen und Satan wehren,
das Leiden soll dich jetzt erlösen
und befreien von dem Bösen,
das Leiden soll dich machen rein,
so klar und hell wie Sonnenschein,
vielleicht werde ich dir einst vergeben
und dir erteilen meinen Segen,
Mephisto, du musst leiden mit Geduld,
dein Handeln trägt eine sehr große Schuld,
Gott tut keinen Menschen hassen,
er tut auch seiner nicht spotten lassen,
um in den Himmel hochzusteigen,
musst du leiden, leiden, leiden."
Mein Kind, mich fragte einst ein böser Lümmel:
„Wo befindet sich denn der liebe Himmel?"
Wo Himmel ist, weiß sogar ein kleines Kind,
der Himmel fängt an, wo gute Menschen sind!
Hätte der böse Lümmel ein Gewissen,
so würde er Bezug des Himmels wissen,
mein liebes Kind, ob braun oder rot,
sie hatten keine Seele und keinen Gott,
um viele Menschen zu vernichten,
fand die Arbeit in drei Schichten,
man begeht den schlimmsten Mord,
wenn man handelt ohne Gott!
Hat man den Glauben einst gefunden,
so hat man den Zweifel überwunden,
die Menschen sind leider ohne Glauben,

wie ohne Flügel die Friedenstauben,
wie auf der Erde das Goldene Vließ,
so im Himmel das Paradies,
mein Kind, jetzt wollen wir mal endlich sehen,
was kann mit Gott und ohne Gott entstehen
und wenn der Mensch entstammt dem Affen,
den Affen hat auch Gott erschaffen,
warum muss ein Hund vom Bär entstehen,
das kann ich nur sehr schwer verstehen,
warum entsteht der Bär vom Tiger,
der Affe entspringt dem Bullen wieder,
die Menschen entstanden dann von ihm,
das Märchen schrieben Gebrüder Grimm,
der liebe Gott, das ist der wahre Held,
er erschuf das schöne Firmament,
die Sterne, den Himmel und die Welt,
für seine Arbeit nahm Gott kein Geld,
es entsteht kein Tisch, auch kein Kran,
für das alles muss ein Fachmann ran,
es entsteht keine Farbe und kein Kleister,
für alles braucht man einen Meister,
sogar ein Topf braucht einen Töpfer,
nur die Welt braucht keinen Schöpfer?!
Wir können den Schöpfer sehr deutlich sehen,
sein Wirken lässt uns ihn sehr wohl verstehen,
die Sterne drehen sich im Kreise hin,
es herrscht Gottesordnung und Disziplin,
jeder Stern sitzt in seinem Nest,
die Erde hält die Luna fest,
manche Sterne sind nah, manche weit,
im Rhythmus erscheint die Jahreszeit,
die Flora blüht im Monat Wonne,
die Erde dreht sich um die Sonne,
es läuft alles nach Gottesplan,
keiner kommt auf die schiefe Bahn,

sollte ein Stern aus der Reihe tanzen,
so hat er schlechte Überlebenschancen,
die kleinen folgen diszipliniert den großen,
hoffentlich werden sie nicht verstoßen,
sie müssen halten mit ihnen Schritt,
denn sie sind nur ein Satellit,
die großen Sterne nehmen die kleinen mit,
sonst werden die kleinen zum Meteorit,
wie im Himmel, so auf Erden,
können wir nur selig werden,
wenn wir den Schwachen unter die Arme greifen
und an den Bedürftigen uns nicht vergreifen,
den Invaliden Schutz und Hilfe geben,
nicht die Existenz bei ihnen stehlen,
so wird der Herrgott bei uns sein
und beschützen Groß und Klein.

Unser Planet und das Weltall
entstanden nicht vom großen Knall**!!

Auf einer Seite ist die Wissenschaft,
die angeblich alles kann und alles schafft,
wenn wir nur mehr davon hätten,
von Schulen, Universitäten,
es sucht nach Viren ihrer Brut,
ein sehr bekanntes Institut,
mit einem großen Mikroskop,
verrichten Professoren ihren Job,
sie entdecken neue Viren,
Pharma forscht nach neuen Pillen,
ich frage mich, weshalb sind die Mikroben,
bis heutzutage nicht ausgestorben?
Seit mehr als hundert Jahren sind sie bekannt,
setzt das große Institut das Geld in Sand?
Um Bakterien zu vernichten,

arbeitet man oft in zwei Schichten,
trotzdem laufen sie uns weg,
an der Spitze läuft EHEC***,
Mikroben, Viren und Bazillen,
haben leider sehr starken Willen,
alle drei haben keinen Kopf und kein Hirn,
trotzdem zeigen sie der Wissenschaft die Stirn,
sie kämpfen verbissen um ihr Leben,
Hut ab vor ihrem Mut und Streben,
eine Schule besuchten sie noch nie,
sie besitzen keine Akademie,
keine Verwaltung, keine Institution,
halten aber in Schach eine ganze Nation!
Da siehst du mal, mein liebes Kind,
wie klein und schwach wir alle sind!
Geht es uns gut und sind wir gesund,
dann gibt es wohl auch einen Grund,
für alles Gute Gott zu danken
und nicht versinken in Gedanken,
ob Herrgott im Himmelreich denn wirklich ist,
wir müssen den Kopf befreien von dem Mist,
die Viren setzen uns ein Zeichen,
die Natur kann viel erreichen,
sie zeigt uns sehr deutlich, wer ist der Herr,
wir laufen den Viren hinterher,
leider entfernen sie sich immer weiter,
sie sind uns überlegen und gescheiter,
die Viren haben kein Institut und kein Labor,
sie geben Bescheid, wer ist der Herr, wer ist der Mohr,
für das praktische Denken wird geworben,
das spirituelle Denken ist gestorben,
man hat aus dem Leben Gott verbannt
und lief sehr schnell gegen die dumpfe Wand,
wir zollen Flora und Fauna keinen Respekt,
die Erde wurde von uns ganz massiv verdreckt,

der Planet ist schändlich von Schmutz und Asche befleckt,
statt zu beten in der Kirche und im Dom,
haben wir die Zeit vergeudet mit Atom,
statt Gott zu loben, danken und zu singen,
beschäftigten wir uns mit krummen Dingen,
dem Teufel haben wir uns verschrieben,
wären wir beim Wasserrad geblieben,
wir waren voller Stolz und voll mit Prahlen,
jetzt tun Fukushima und Tschernobyl strahlen,
kein Tier der Welt schafft sich selber ab,
nur der Mensch schaufelt sich sein Grab,
ich habe Ehrfurcht vor Natur,
in ihr erlebe ich Gott pur,
die Natur, das ist der Gott,
darum predige ich sein Wort,
der Herrgott ist in jedem Stein,
er ist im Brot, er ist im Wein,
aus diesem Anlass bin ich gläubig,
ich bin nicht dumm und nicht blauäugig!
Lieber Mensch, mache bitte Halt,
es gibt eine höhere Gewalt,
die Erde ist ein Haufen voller Schrott,
der Planet gehört nicht uns, sondern dem Gott!
Macht jeder von uns, was er nur so will,
so strahlt Fukushima und Tschernobyl.

* Apparatschik ist ein Funktionär des kommunistischen Staates, der darauf achten muss, dass jeder Befehl der kommunistischen Partei umgesetzt wird.

** Laut der Wissenschaft entstand das Weltall durch einen Urknall. Mit dem Urknall stehen Atheisten auf dünnen Beinen, denn wo es um die Sphäre Gottes geht, da entsteht, ihrer Auffassung nach, alles von selbst; obwohl wissend, dass man für alles einen Fachmann beziehungsweise einen Meister braucht.

*** Bakterien, die man mit Antibiotika nicht behandeln darf; diese Erkrankung führt sehr oft zum Tod.

Zauberei

Ein Häuschen steht im Walde,
Fenster und das Dach sind hin,
es steht auf einer Halde,
es wohnt die Hexe drin.

Voller Wunder ist das Häuschen,
überall nur Zauberei,
Märchen erzählt den kleinen Mäuschen,
sprachbegabter Papagei.

Er erzählt auch Hexe Märchen,
in das Ohr flüstert ihr der Wind,
wo vor Schönheit strotzen Mädchen,
wo die Menschen glücklich sind.

Wo die Weiber mit langen Beinen,
binden Männer für alle Zeit,
wo die Kinder niemals greinen,
wo das Glück unendlich scheint.

Der Ehebrecher

Ein Familienvater ist geschieden,
vielleicht kann er seine Frau nicht mehr lieben?
Er hat seine Frau verlassen,
vielleicht kann er sie nur noch hassen?

Er hat sein Versprechen gebrochen,
ein schlimmer Betrug liegt auf der Hand,
er hat der Frau ins Herz gestochen,
sie ist jetzt in Bremen, ein Stadtmusikant.

Ein altes Herz kann sich in ein junges verlieben,
man kann heutzutage mit der Liebe jonglieren,
die Ex kann in Bremen jetzt singen,
in München, in Frankfurt, in Bingen.

Von seiner Frau ließ der Flüchtling sich scheiden,
nicht er, sondern sie hat zu leiden,
er hat seine Frau sehr schwer verletzt,
er hat verstoßen gegen Gott und Gesetz,
im Liebesnetz hat er sich verfangen,
er darf das Abendmahl* nicht mehr empfangen!

* Ein Familienvater, der eine zweite Ehe vollzogen hat, behauptet, dass er sehr leidet; da er von der Heiligen Kommunion wegen des Ehebruchs ausgeschlossen ist; wie groß muss denn das Leiden und der Schmerz seiner Ehefrau sein, die man einer jüngeren Frau wegen ausgemustert bzw. im Stich gelassen hat. Wir sollen den Täter nicht zum Opfer machen.

Menschlichkeit?

Man spricht
von Menschlichkeit,
der Mensch
ist schlimmer als ein Tier,
voller Waffen
ist sein Revier,
des Menschen
Grausamkeit,
hat das nächste Opfer
im Visier.

Das unschuldige Blut

Ich hatte die ganze
Sowjetunion am Hals,
die Kommunisten
drückten mich zu Boden,
am Körper klebte
der kommunistische Schmalz,
er verklebte das Gehirn
wie die Drogen.

Sie haben den Tod
über meine Familie
gebracht,
sie haben meinen Sohn,
Großvater und Schwester
umgebracht,
ich will niemand
zur Verantwortung
ziehen,
ich habe den Kommunisten
verziehen.

*Absturz**

Ich fiel vom Flugzeug, und zwar von seiner Spitze**,
dann flog ich sehr lange durch das Weltall,
schmolz wie Meteorit vom Fliegen in der Hitze
und brannte lichterloh wie ein Feuerball.
Im Fliegen erkannte ich den Großen Wagen,
auf dem Mars lag wie immer Schnee,
plötzlich hörte ich meine Mutter sagen:
„Mein Kind, das Feuer tut mir weh!"
Ich aber empfand vom Feuer keine Schmerzen.
Warum? Weiß der liebe Gott allein,
es flogen Hunderte von Herzen,
auf einen Schlag in den Himmel rein!

* Den Opfern der Flugzeugkatastrophe in Überlingen am Bodensee gewidmet.

** Das Flugzeug bekam Ecken und Spitzen, es wurde in der Luft zerfetzt.

Der Tee

Ich bin
in Sibirien geboren,
dort herrschte Kälte
und der Schnee,
ich wäre in Russland
fast erfroren,
obwohl man trank
den heißen Tee.

Da es zu essen
nicht viel gab,
trank man den Tee
zu jeder Stunde,
man ging vom Tee
sehr schnell zugrunde
und fiel entkräftet
in das Grab.

* Da alle Volksdeutschen in der ehemaligen Sowjetunion von 1941 bis 1956 in der Verbannung waren, musste auch ich in der Verbannung zur Welt kommen.

Diktatur (Prosa)

Druide[1] wurde aus dem Tempel geworfen
Das vom Mephisto[2] zelebrierte Requiem
Wird von Ophelia[3], ganz in Schwarz, gesungen
Myrte[4] verlor für alle Zeiten ihr ewiges Grün
Pandora[5] herrscht über das ganze Land
Ihre Spuren sind schwer zu übersehen.

Sogar Nymphe[6] musste als Embryo sterben
Eros[7] darf nur eine kleine Etüde spielen
Er wird verpönt, sein Werk ist nicht mehr gefragt
Venus[8] ist im Begriff, in der Flut
Von Mephisto zu ersticken
Desdemona[9] warf man in den Kerker
Othello[10] hat ihr nichts mehr zu erzählen
Da er nicht mehr reisen darf.

Man möchte die Zukunft nicht mehr wissen
Darum wurde Kassandra[11] eingesperrt
Das Epigraph[12] ist schwer zu identifizieren
Aber man kann trotzdem deutlich erkennen
Dass der Archaismus[13] des Mittelalters
In das Land Einzug gehalten hat.

Die Metamorphose[14] ist allgegenwärtig
Elegie[15] steigert sich ins Unerträgliche
Dem Diktator zu widersprechen
Bedeutet, das Leben aufs Spiel zu setzen.

Ode[16] darf nicht mehr aufgesagt werden
Sogar Kleopatra[17] hat mehr Schatten als Licht
Dieser Schatten soll ihr das Leben retten
Es ist gefährlich, im Rampenlicht zu stehen.

[1] Druide – keltischer Priester
[2] Mephisto – Teufel in Goethes „Faust“
[3] Ophelia – Frauengestalt bei Shakespeare
[4] Myrte – immergrüner Baum
[5] Pandora – Frau, die alles Unheil auf die Erde brachte
[6] Nymphe – Entwicklungsstufe der Libelle
[7] Eros – Gott der Liebe
[8] Venus – Liebesgöttin
[9] Desdemona – Frauengestalt bei Shakespeare
[10] Othello – Held bei Shakespeare
[11] Kassandra – Seherin
[12] Epigraph – antike Inschrift
[13] Archaismus – Altertümlichkeit
[14] Metamorphose – Umgestaltung
[15] Elegie – Klagelied
[16] Ode – feierliches Gedicht
[17] Kleopatra – ägyptische Königin

Vertreibung

Ein ganzes Volk war auf dem Weg,
von Memel bis nach Baden,
von Osten nach Westen zog der Treck,
zu Fuß und mit dem Wagen.

Die auf der Flucht gewaltsam starben,
voller Blut und mit tiefen Narben,
ihr Leid war groß und unermessen,
man kann's bis heute nicht vergessen.

Von zehn Soldaten wurde eine Frau,
in paar Minuten grün und blau,
die Kinder waren oft dabei,
es half kein Ruf, es half kein Schrei.

Ein kleines Mädchen von zehn Jahren,
tja, man kann hier nicht alles sagen,
erfuhr ganz früh das Wort Gewalt,
wie wildes Tier, im wilden Wald,
man sprach die Sieger alle frei,
von Mord, Gewalt und Plünderei.

Homo sapiens ist schizophren (Prosa)

Die Sonne
Kann nicht mehr scheinen
Sie ist zugemauert mit Steinen
Der Tag
Ist zur Nacht geworden
Er ist gestorben.

Die Erde liegt in den letzten Zügen
Trotzdem verbreiten die Menschen Lügen
Ich kann nicht mehr hören die Klagen
Dass sie viel Geld verloren haben
Sie versuchen das Geld zu retten
Und lassen den Planeten sterben
Asthma nimmt ihnen die Luft
Ruß bleibt in den Lungen stecken
Statt sich vom Geld zu trennen
Nehmen sie in Kauf die Gruft
Sie verstauen das Geld in Wagen
In Flugzeugen, in Zügen, in Schiffen
Menschen sind von der Panik ergriffen
Nicht des Blauen Planeten wegen
Den tun sie schon lange nicht mehr pflegen
Sie haben Angst um das liebe Geld
Sie lassen verrecken die ganze Welt
Hätten sie ein bisschen Verstand
Dann wäre die Erde nicht abgebrannt.

Die Hände aber
Sind voller Geld
Man streckt es
Gen Himmel
Vergiftet ist
Die ganze Welt

Beim Laufen
Muss man
Schwer schnaufen
Herrgott lässt
Sich nicht kaufen
Der blaue Himmel
Wurde schwarz
Es stinkt nach Rauch
Es stinkt nach Harz
Verreckt ist der Ochs
Verreckt ist die Kuh
Das Leben neigt sich
Dem Ende zu.

Man will mit Geld
Leben retten
Es wird aber
Nicht gelingen
Die Sonne
Zum Scheinen bringen
Man traktiert die Erde
Mit harten Schlägen
Trotzdem kann man
Nicht begreifen
Warum die Vögel
Nicht mehr pfeifen?
Weshalb dem Planet
Ging aus die Puste?
Warum er des Geldes wegen
Sterben musste?

Des Geldes wegen
Vernichtet man
Den Regenwald
Keiner sagt Halt

Dann vernichten
Die Banken das Geld
Keiner schimpft, keiner bellt
Um wieder
An das Geld zu kommen
An fette Millionen
Lässt man den Regenwald
Er verschwindet bald
Weiter abholzen.

Man hat Lügen verbreitet
Man lügt weiter ganz munter
Man hat Flüsse umgeleitet
Man versprach Wirtschaftswunder
Die Natur liegt auf dem Bauch
Ausgetrocknet ist das Meer
Der skelettierte Strauch
Spendet keinen Sauerstoff mehr
Nach Erdöl riecht das Brot
Nach Erdöl riecht das Bier
Überall lauert der Tod
Er ist ein Produkt der Gier
Er ist ein Produkt des Geldes
Die Macht des Geldes
Sie ist grenzenlos
Homo sapiens
Was ist mit dir los?

Hartz-IV-Empfänger

Hinter Beton und Stahl verborgen,
sitzen Bürokraten am frühen Morgen,
trinken Kaffee und leichten Wein,
um munter, frisch und fit zu sein.

Grinsend tun sie uns anschauen,
Espresso trinken, Kuchen kauen,
sprechen Beileid kichernd aus
und schicken ratlos uns hinaus.

So läuft man rum und tut sich kränken,
langsam im Dreck und Sumpf versenken,
eines Tages ist man dann ein Penner,
ein Abschaum, ein Hartz-IV-Empfänger.

Nach Tausenden Beschwerden,
bekommt man das hässliche Gefühl,
für nichts gebraucht zu werden
und landet auf dem Menschenmüll.

*Trennung**

Wir kommen her,
nicht mit den Beinen,
Leichnam heißt jetzt
diese Fracht,
die laut seufzen,
schluchzen, weinen,
haben vor sich
die Todesschlacht!

Wir kommen her,
um zu Erde zu werden,
die Adam einst
das Leben gab,
die Seele bekommt
ein neues Leben,
der Körper kriegt
ein dunkles Grab.

* Nach dem Ableben gehen Seele und Körper verschiedene Wege.

Der Wind

Er bläst aus aller Kraft,
Wind, du machst dir weh,
womöglich holt er in der Nacht,
für die Kinder Schnee.

Um am Morgen da zu sein,
fliegt er voller Power,
über Stock und über Stein
und Berliner Mauer*.

Aber doch, er bringt ihn her,
auch wenn nur ein bisschen,
schickt er mir vom Weißen Meer**,
ein Verbannungsgrüßchen.

* Die hässliche Mauer hat 1989 Löcher gekriegt.
** Einer von vielen Verbannungsorten der Russlanddeutschen.

Neuer Arbeitsplatz

Ich sitze vor einer Arbeitsquelle
Ich muss mich neu beweisen
Habe eine neue Arbeitsstelle
Muss mich leider durchbeißen.

Man sagte mir schon vor dem Tor
Mache hier keine dummen Sachen
Lasse die Arbeit außen vor
Die anderen werden sie schon machen.

Wie soll ich mich denn hier beweisen?
Ich werde über den Tisch gezogen
Sie versuchen mich rauszuschmeißen
Von Kollegen werde ich betrogen.

Sie rufen mich ganz höflich Schatz
So tun sie mich hier titulieren
Sie bangen um ihren Arbeitsplatz
Sie haben Angst, ihn zu verlieren.

Lieber Schatz, Schätzchen, Schätzerei
Sie wissen nicht mal, wie ich heiße
Das Werk ist eine Schweinerei
Hier stinkt es, nach Angst und Scheiße.

Wie soll denn hier Moral entstehen?
Gott ist im Werk ein fremdes Wort
Egal, wenn man im Werk um Hilfe bat
Es war nicht schwer zu übersehen
Dass man Moral über Bord geworfen hat
In einer Gesellschaft ohne Gott
Wird groß geschrieben Raub und Mord
Man schlachtet eben die Psyche ab

Der Körper macht von sich aus schlapp
Die Konkurrenz ist mausetot
Man hat für sich das ganze Brot
An den Herrgott wollen sie nicht glauben
Sonst könnten sie weder morden noch rauben
Auch wenn der Nächste bitter weint
Ist er für sie der größte Feind
Sie haben weder Moral noch Sitte
Denn Gott steht nicht in ihrer Mitte!

Zwei Diktaturen prägten das Schicksal der Russlanddeutschen

In diesem Land
hatten wir kein Ziel gesteckt,
wie ein elendes Tier
ist der Deutsche verreckt,
um uns und die Kinder
loszuwerden,
hat man ein Gesetz*
auf den Weg gebracht,
das Gesetz hat der Mensch
für den Mensch gemacht,
des Gesetzes wegen
mussten wir sterben.

Dem Abgrund entgegen
mussten wir laufen,
wir zahlten den Preis
für den Faschismus!
der Todeskampf erzwang
das schwere Schnaufen,
er war sehr grausam,
der Stalinismus!

* 1941 nach dem Überfall der Wehrmacht auf die UdSSR, wurde von der Regierung der Sowjetunion ein Gesetz in Bezug auf die Russlanddeutschen erlassen, indem man alle Russlanddeutschen zum inneren Feind erklärte; die Folgen dieses Gesetzes waren: Vertreibung, Verbannung und Arbeitslager.

Das letzte Abendmahl

Herr, das ist der letzte Sonnenschein,
es wird ihn morgen nicht mehr geben,
morgen werde ich vor deinem Antlitz sein,
morgen beginnt ein neues Leben.

Heute ist mein letztes Abendmahl,
bevor ich darf relaxen auf deinen Wiesen,
führt der Tod mich durch das Jammertal,
großer, lieber Gott, sei gelobt und sei gepriesen!

Ich nehme Abschied von den Bergen,
von Meeren, Wäldern und vom Fluss,
ich komme zu dir mit guten Werken,
ich komme, weil ich kommen muss.

Es kommt zu dir deines Sohnes Blut,
es sind erfüllt des Menschen Träume,
Herr, du bist barmherzig, du bist gut,
im Himmel gibt es viele Räume.

Herr, lasse meiner nicht im Stich,
Herrgott, ich habe nach dir Verlangen,
du hältst ein Plätzchen frei für mich,
ich hoffe, du wirst mich gut empfangen.

Wertloses Leben?

Die Präimplantationsdiagnostik*
Ist für Christen zu haarig und zu borstig
Eine Auslese trägt ihr strenger Blick
Sie bricht dem Anstand und Moral das Genick
Es ist wohl eine Illusion
Dass man mit einer Selektion
Das Problem Gesundheit lösen kann
Wir Christen glauben nicht daran!
Es wird leider auf der Welt so ziemlich duster
Wir brauchen keine Menschen nach Maß und Muster
Liebe Leute, es ist ein Schwindel zu behaupten
Es werden überleben nur die was taugen
Sollte jemand Arm oder Bein verlieren
Dann muss man den Krüppel aussortieren
Vielleicht sollte man ihn erschlagen?
Um ihn befreien von den Plagen
Geht man den Behinderten an den Kragen
So könnten die Kassen paar Groschen sparen
Würde man die Rentner noch entsorgen
So hätten die Kassen keine Sorgen
Können wir auch den Gott ersetzen?
Mord legitimieren mit Gesetzen?
Man kommt so langsam in Euphorie
Für die Kranken in der Psychiatrie
Steht auf dem Plan die Euthanasie!
Wir kommen so richtig jetzt in Rage
Die Kassen machen endlich Gage
Es gibt noch Schmarotzer, Parasiten
Die werden wir wohl zum Teufel schicken
Gegenüber dem Schwachen war man wild
Kein Krüppel trübt das soziale Bild
Es ist so gemütlich, es ist so fein

Man hat keinen Klotz am gesunden Bein
Von Asozialen hat man endlich sich befreit
Keinen Behinderten sieht man weit und breit
Nicht Gott, sondern der Mensch hat zu entschei-
den
Wer darf von uns auf dieser Erde bleiben!
Zuerst werden wir die Embryonen selektieren
Invaliden werden später in den Tod marschieren
Der Mensch ist außer Rand und Band
Er nimmt alles in seine Hand
Die Rattenfänger mit dem Todesnetz
Warten schon lange auf das Gesetz
Tut das Gesetz den Tod erlauben
So werden wir im Blut ersaufen
In Arbeitslagern starben Leute
Das Herz blutet bei uns bis heute
Der Wachmann schoss in den Kopf und Brust
Er schoss nach Laune und nach Lust
Moral und Anstand gingen pleite
Das Gesetz** war auf seiner Seite!
In einer Gesellschaft ohne Gott
Hat man Verständnis für den Mord.

* Selektion von Embryos im Reagenzglas.

** In sowjetischen Arbeitslagern oder in den Konzentrationslagern handelt man auch nach dem Gesetz; darum haben Gesetze, die mit dem Töten zu tun haben, für Christen keine Bedeutung.

Der letzte Weg

Er schloss die Augen, er war tot,
die Seele flog von dieser Erde,
sie floh vor Kummer, Elend, Not,
die niemals enden werden.

Er ist gestorben, er hat's geschafft,
er hat die Schrecken überstanden,
er lag ganz ruhig und ohne Kraft,
beweint von Mutter, Kind, Verwandten.

Wir müssen alle einmal sterben,
darum tut er uns so leid,
da wir auch so liegen werden,
von den Lebenden beweint.

Die Arbeit

Sei froh, wenn du keine Arbeit hast
Denn sie ist schlimmer als der Knast
Bist du leider gezwungen, Geld zu verdienen
So musst du treu und gehorsam den Bossen dienen
Freiheit und Gesundheit an die Chefs verkaufen
Und dafür lebenslang die Erde schaufeln
Oder vor dem Computer wie angekettet sitzen
Und acht Stunden in die Hosen schwitzen.

Im Alten Rom wollte keiner schaffen
Man brauchte einen großen Hafen
Sklavenhändler mussten große Schiffe bauen
Einen großen Hafen aus dem Boden hauen
Um die Sklaven mit großen Schiffen zu transportieren
Musste man in den Bau so einiges investieren
Von den Sklaven wollte man so viel wie möglich haben
Sie konnten putzen, kochen, pflügen und Löcher graben
Obwohl der Sklave war ein Mohr
Zeigte er kein Engagement!
Die Herren mussten schwer mit Sklaven ringen
Sie mit festen Tritten zur Arbeit zwingen
Man schlug die Sklaven mit der Knute
Mit der Peitsche, mit der Rute
Man schlug sie im Tal und auf dem Hügel
Der Fleiß soll entstehen durch Prügel
Effizient sind die Prügel wohl im Keller
Im Keller wächst der Fleiß ein bisschen schneller
Mit der Peitsche konnte man sie gut erreichen
Sie konnten den Schlägen nicht entweichen
Sie waren weder arbeitslos noch bekamen sie Hartz[1]
Die Sklaven hatten einen sicheren Arbeitsplatz

Nach Suppe und Brei roch der Küchentopf
Sklaven hatten ein Dach über dem Kopf
Freiheit war leider eingeschränkt
Reiseverbot hat man verhängt
Die Sklaven hatten keine Mauer[2]
Keinen Stacheldraht und keinen Tower
Sie blieben alle brav zu Haus
Stricke und Ketten reichten aus.

Um die Leute Bezug der Arbeit zu gewinnen
Fing der eiserne Kanzler[3] ein Loblied zu singen:
„Die Arbeit ist für euch ein Segen
Auf allen kleinen und großen Wegen"
Das Land brauchte Stahl, Eisen und Blei,
Als Beispiel nahm er das Huhn
Es legte fast jeden Tag ein Ei:
„Ihr seid da, nicht des Glückes wegen
Sondern um die Pflicht zu tun."[4]

Man schrieb Jahreszahlen eins, neun, drei, drei
Auf einmal las man: „Arbeit macht frei."[5]

Die Zeit ging ins Land hinein
Hoch im Kurs stand der rote Schein
Man goss viel Schnaps[6] in sich hinein
Der rote Schein hat uns betrogen
Die Arbeit braucht so ihre Drogen
Es gab für die Arbeiter nicht viel zum Lachen
Der Sozialismus war stolz nur auf drei Sachen:
„Auf Brot, Unterkunft und Arbeit
Das ist des Menschen seine Freiheit"[7]
Kommunisten fanden die drei Sachen gut
Sie hatten mit der Freiheit nicht viel am Hut
Der Sozialismus kann nur siegen
Wenn wir in die Arbeit uns verlieben

Außer Rand und Band war die Partei
Im Jahre des Aufstands eins, neun, fünf, drei[8]

Die Schlange hat Eva und Adam angelogen
Sie mit einem Apfel über den Tisch gezogen
Deswegen sind sie aus dem Paradies geflogen
Gott hat Adam und Eva bestraft
Weder mit Kerker noch mit Haft
An die Arbeit machten sich die zwei
Das Relaxen war für sie vorbei
Die Hände rieben sie sich wund
Die Arbeit stand im Mittelpunkt
Der Baum der göttlichen Erkenntnis
Wurde den beiden zum Verhängnis
Gott hat die Arbeit nicht gepriesen
Des Paradieses hat er sie verwiesen
Auf den Weg gab er den beiden
Die Arbeit als das größte Leiden!
Im Schweiße[9] muss der Mensch sich baden
Die Arbeit verursacht viele Plagen
Bestraft sind wir und das Kindeskind
Die Arbeit hat kein Lob verdient
Zum lieben Gott habe ich Vertrauen
Er hat uns nicht übers Ohr gehauen
Aus der Bibel wissen wir Bescheid
Arbeit ist ein sehr schlimmes Leid
Und zwar für jetzt und alle Zeit.

[1] Hartz-IV-Empfänger

[2] Mauer mit Stacheldraht und Wachturm, die die Stadt Berlin geteilt hat; der Sinn dieser Mauer war, die Bevölkerung der ehemaligen DDR zu hindern, das Land zu verlassen.

[3] Reichskanzler Bismarck

[4] „Ihr seid da, nicht des Glückes wegen, sondern um die Pflicht zu tun" – Zitat aus der Rede von Reichskanzler Bismarck.
[5] Konzentrationslager in Auschwitz
[6] Die Nomenklaturkader bzw. die Oberschicht in den ehemaligen kommunistischen Ländern pflegte Schnaps statt Wein zu trinken.
[7] Die Errungenschaften der Kommunisten auf die sie sehr, sehr stolz waren.
[8] Aufstand der Arbeiter in der ehemaligen DDR, dieser Aufstand wurde blutig niedergeschlagen.
[9] Gott sagte: „Im Schweiße des Angesichts müsst ihr das tägliche Brot verdienen"; das war die schlimmste Strafe, die er Adam und Eva beziehungsweise uns auf den Weg geben konnte.

Ein Tropfen Wasser ist mehr wert als ein Sack voller Geld

Die Geschichte ist kaum zu glauben,
da kommt ihr aber sehr schnell zum Staunen,
ringsum war alles ausgebrannt,
man hatte Blasen vom heißen Sand.

Die Blasen brachten uns zum Hinken,
wir hatten Durst, wir wollten trinken,
sogar die abgehärtete Wüstenpflanze,
bekam unter dieser Sonne keine Chance.

Verschwunden ist das Pflanzenkraut,
ausgetrocknet ist die Haut,
von der Hitze sitzen die Augen tief,
in der Wüste läuft so ziemlich alles schief.

Der Körper ist ein elendes Wrack,
voll mit Geld ist unser großer Sack,
warum kann uns das liebe Geld nicht retten?
Wir versuchen fleißig am Geld zu lecken.

Wir können greinen, weinen, brüllen,
unsern Durst kann das Geld nicht stillen,
wir können es weder trinken noch essen,
trotzdem sind wir vom lieben Geld besessen.

Wir dürfen eigentlich kein bisschen klagen,
wir wollten so viel wie möglich davon haben,
wie lange müssen wir denn noch
pfeifen aus dem letzten Loch?

Dem Geld haben wir es zu verdanken,
den kahlen Boden, den ausgebrannten,

die Ungerechtigkeit schreit bis zum Himmel hoch,
wir pfeifen immer noch aus dem letzten Loch.

Wir befinden uns vor einem Haufen Scherben,
mit einem Sack voller Geld müssen wir wohl sterben,
wir dürfen eigentlich kein bisschen lamentieren,
dass wir im Begriff sind, das Leben zu verlieren,
wir müssen wahrscheinlich etwas reifen,
um unser Schicksal zu begreifen.

Der Poet

Ein Poet sieht einiges,
was die Obrigkeit nicht sieht,
dafür wird er
von den Regierenden
getadelt,
sie können nicht verstehen,
weshalb er sie kritisiert.
Sie fühlen sich von ihm
unkorrekt behandelt.

Er hat das Wort,
die Regierenden die Macht,
er steht auf der Verliererseite,
wenn es zwischen
den beiden kracht,
so spürt sein Hals
des Fallbeils Schneide.

Zeus, Hera und Herkules

Damals war Herrscher der große Zeus,
er war kein Künstler wie Joseph Beuys,
Er wollte die Unschuld verlieren,
es musste rasch und schnell passieren.

Um zu bekommen einen Knaben,
musste er es doch mal wagen
und nach mehreren Versuchen,
konnte er Erfolg mal buchen.

Frisch und rot waren des Knaben Wangen,
Hera legte in sein Bett zwei Schlangen,
er kämpfte mit ihnen ganz verbissen,
sie haben mehrmals ihn gebissen.

Der Kampf hielt an die ganze Nacht,
im Kindbett tobte eine Schlacht,
als die Nacht war schon vorbei,
kämpften immer noch die drei.

Das Blut spritzte ins Gesicht und an die Wand,
als er zerdrückte die Schlangen in der Hand,
Hera konnte den Hass nicht überwinden,
der Knabe muss von dieser Welt verschwinden!
Obwohl Herkules kämpfte um sein Leben,
war er gnädig und hat Hera einst vergeben.

Glückliche Ehe

Seine Frau ging fremd, das wusste er nicht
Mal hatte sie Termin, mal hatte sie Schicht
Mal kam sie heim mit einer Rose
Mal war sie ohne Unterhose.

Mit viel List hat sie ihn hintergangen
Mal malte sie Lippen, mal die Wangen
Mal schmierte sie ebbes ins Gesicht
Frau ging fremd, das wusste er nicht.

Klara war immer schön gekleidet
Er dachte, bis der Tod uns scheidet
Zum Sterben gab es keinen Grund
Sie waren beide noch gesund.

So ging es viele, viele Jahre
Bis man sie legte auf die Bahre
Er war glücklich mit seiner Klara
Sie war glücklich mit ihrem Lover.

Man war tief beeindruckt und begeistert!
Wie haben die es nur gemeistert?
So glücklich sein ein ganzes Leben
Die Ehe war ein Gottessegen
Sie war stabil wie ein Eichenbaum
Es war keine Ehe, es war ein Traum!
Es wusste keiner vom Betrug
Als man sie zu Grabe trug.

*Russlanddeutsches Schicksal**

Russlanddeutsche Gestalt war ziemlich hager,
im sibirischen Arbeitslager,
für Stalin musste sie malochen,
obwohl sie hatte nichts verbrochen.

Auch Frauen mussten dieses Schicksal teilen,
man hörte laut die Kinder weinen,
am Zipfel des Rockes hielten sie sich fest,
Stalin hasste Russlanddeutsche wie die Pest.

Man trieb die Kinder von den Frauen,
man hat sie misshandelt und gehauen,
es war ein Elend, es war ein Drama,
die Kinder wollten zu der Mama,
man nahm die Mutter in die Haft,
man brauchte ihre Arbeitskraft.

* Die russlanddeutschen Männer steckte man 1941 in Arbeitslager; 1943 nahm man auch russlanddeutsche Frauen in Haft, indem man sie von den Kindern trennte, die Kinder aber hat man der Straße oder einer Anstalt überlassen.

*Ein Volk auf dem Weg**

Wir sind ein Volk, noch immer auf dem Weg,
die Vertreibung zwingt uns zum Reisen,
wir stecken zwischen Bahnhof und Gepäck
und zwischen Zügen und den Gleisen.

Wir fahren, denn Fahren bringt doch Glück,
unterwegs kann man neues kennen lernen,
man lässt die Liebsten oft zurück,
die uns das Herz zu Wunden brennen.

Wir sind versunken in Gedanken,
die Sorgen bleichen uns das Haar,
uns teilen von den Liebsten Schranken**,
sie stehen wie Verbrecher da!

* Den Vertriebenen gewidmet.
** Die ehemalige Grenze zwischen Ost und West, „Eiserner Vorhang".

Im Krieg gibt es nur Verlierer

Der Sichelmond zog in den Krieg,
die Sonne wollte er besiegen,
glaubt man nicht an schnellen Sieg,
so braucht man auch nicht kriegen.

An den Enden war er spitz,
das waren seine Waffen,
tja, das ist wohl kein Witz,
da habt ihr was zum Gaffen.

Er hat die Sonne schwer verletzt,
mit seiner scharfen Spitze,
ihr geht's nicht gut, sie taumelt jetzt
und glüht in großer Hitze.

Die Sonne flog durch das Weltall,
es schlug die letzte Stunde,
Mond hatte leider keine Wahl,
er ging mit ihr zugrunde.

Zwei Regenwolken

Krieg ist am Himmel ausgebrochen,
zwei Regenwolken sind im Streit,
mit allen Mitteln wird gefochten,
die Regenwolken tun mir leid.

Im Grab stehen sie mit einem Bein,
ihr Schicksal ist ein Haufen Scherben,
die zwei schlagen sich die Köpfe ein,
bald werden die Wolken elend sterben.

Es knallt, es donnert und es brennt,
das Feuer trifft sogar die Erde,
alles läuft und alles rennt,
dem Schäfer lief davon die Herde.

Sie schlachten sich am Himmel ab,
sie schicken uns den Regen,
die Wolken schaufeln sich das Grab
und schenken uns das Leben.

Die Wolken sind gestorben,
sie brachten Angst und Furcht
und schon am nächsten Morgen,
hört man die Bienen summen,
es sprießt die neue Frucht,
es sprießen frische Blumen.

Kaiser Nero

Er hat geraubt, er hat geplündert,
Rom hat Kaiser Nero angezündet,
die Christen ließ er alle töten
und konfiszierte ihr Vermögen.

An Pfähle hat er sie gebunden,
sie misshandelt und schwer geschunden,
er übergoss sie mit heißem Teer,
Christen litten unter Nero sehr.

Schindluder trieb seine Hand,
als sie steckte Rom in Brand,
um mehr Macht zu haben und mehr Ruhm,
brachte er Bruder und Mutter um.

Nero war ein Mörder und Sadist,
er hat Petrus ans Kreuz geschlagen,
Petrus als ein bekennender Christ,
hat erfahren des Feuers Plagen.

Kaiser Nero hat gelernt, das Volk zu hassen,
darum hat er es auch nicht leben lassen,
wer die anderen bedroht,
findet selbst sehr schnell den Tod.

Ausgerechnet die Senatoren,
haben Rache ihm geschworen,
um Rom zu schützen vor Verderben,
musste Kaiser Nero sterben.

Das Leben und der Tod

Man meint, das Leben ist zerronnen*,
lieber Mensch, das ist Lug und Trug,
die Engel wissen, wann sie kommen,
die Seele kennt so ihren Flug.

Der Tod, der kommt auf leisen Sohlen,
meistens kommt er in der Nacht,
ist unsere Seele ausgeflogen,
dann ist das Leben wohl vollbracht.

Der Tod, der hat so seine Stunde,
der Tod, der hat so seine Zeit,
er heilt des Menschen seine Wunde,
der Weg zu ihm ist gar nicht weit.

Wir brauchen für den Tod nicht werben,
um zu sterben braucht man nicht viel Glück,
wir brauchen weder Zyankali noch Suizid,
wir werden auch ohne Hilfe sterben,
die Engel lassen keinen von uns zurück,
sie nehmen einst uns alle mit,
sie lassen weder mich noch dich,
mit dem Elend und Schmerz im Stich.

* Nur Gott kann wissen, wann das Leben sich dem Ende neigt.

*Pfarrer Bonhoeffer**

Bonhoeffer sprang für einen Häftling ein,
er hat dem Scharfrichter sich empfohlen,
der Pastor ging in die Todeszelle rein,
er starb für einen Mann aus Polen.

Ich tue gerne für den Pfarrer werben,
er war ein Feind der schlechten Taten,
darum musste Bonhoeffer** auch sterben,
da die Macht die Schlächter hatten.

Keine Angst, unser geliebter Gott,
er ist bei uns geblieben,
im Evangelium ist sein Wort,
von Aposteln klar beschrieben.

In guten Herzen wohnt der Gott***,
er ist schwer zu übersehen,
sein Geist lebt in jedem Ort,
wo Christus' Kirchen stehen.

* Evangelischer Pfarrer, der am 09.04.1945 im Konzentrationslager Flossenbürg sich entschieden hat, für einen polnischen Familienvater zu sterben, um das Leben des Polen zu retten.
** Ein guter Mensch ist ein Ebenbild Gottes, ein schlechter aber ist ein Ebenbild des Teufels, Pfarrer Bonhoeffer hat sich für einen Menschen kreuzigen lassen, also ist er ein Ebenbild Gottes.
*** Der liebe Gott sitzt nicht auf einer Wolke, sondern wohnt in frommen Herzen der Menschheit.

Unser Engel

Uns wurde ein Kind geboren
Das Kind haben wir verloren
Unser Fleisch und Blut ist beim Gott
Es erfährt bei ihm keine Not.

Beim Herrn soll es auch bleiben
Unser Kind muss nicht mehr leiden
Wir sind für alle Zeiten schwer gebrannt
Wir haben Trost, es ist in Gotteshand!

Es verließ unser Haus
Das Kind ging uns voraus.

Unser Engel ist uns entronnen
Wir werden später zu ihm kommen
Unser Herz ist voller Wunden
Es ist verletzt und schwer geschunden.

Wenn wir betend gen Himmel schauen
So finden wir beim Herrn Vertrauen
Herrgott gab uns Trost und Halt
Ade, wir sehen uns bald!

Zwei Arbeitgeber

Zwei Arbeitgeber, man sieht sie kaum,
sitzen unter einem Apfelbaum,
den beiden geht es ziemlich schlecht,
hoffentlich kommt bald der Knecht.

Sie haben einen großen Hunger,
nur schlechte Äpfel fallen runter,
sie möchten gesunde Äpfel haben,
sie warten auf die milden Gaben.

Sie fangen an, den Knecht zu hassen,
denn er hat sie im Stich gelassen,
der Arbeitsplatz ist noch immer frei,
hoffentlich kommt der Knecht vorbei.

Der Knecht hat uns sehr wohl verraten,
jetzt müssen wir am Fallobst nagen,
den Magen werden wir verderben
und vielleicht an Vergiftung sterben.

Den Arbeitnehmer werden wir verklagen,
denn unser Leben hängt am Faden,
Arbeitnehmer, das ist der Knecht,
er hat verletzt das Arbeitsrecht.

Zwei Arbeitgeber tut er quälen,
sie müssen selber Fallobst schälen,
sie haben leider keine Wahl,
es gibt kein gutes Personal.

Der Arbeitnehmer,
der Knecht,
hat keinen Bock,

zwei Arbeitgeber
befinden sich
im Schock,
es hängen reife
und sehr gesunde
Äpfel an den Zweigen,
trotzdem
müssen zwei Arbeitgeber
aus dem Leben scheiden.

*Ehebrecherin**

Die Frau hat Ehe gebrochen,
Männer waren grausam und rau,
man hat sie fast niedergestochen,
sie war eben nur eine Frau.

Man hat sie an Pfosten gebunden,
die harten Steine hatten Gewicht,
ihr Körper war voller Wunden,
voller Blut war auch ihr Gesicht.

Jesus stoppte die Schindluderei:
„Männer, ihr habt die Ehen gebrochen,
hört auf mit dieser Barbarei,
Männer, ihr geht fremd ununterbrochen."

Sie legten ungern die Steine nieder,
das Herz von ihnen war voller Schmutz,
ganz blieben der Frau ihre Glieder,
denn Jesus nahm die Frau in Schutz.

Die Frau hat Ehe gebrochen,
Männer waren grausam und rau,
man hat sie fast niedergestochen,
sie war eben nur eine Frau.

* Laut dem Evangelium stoppte Jesus die Steinigung der Ehebrecherin, indem er sagte, dass nur derjenige sie steinigen darf, der unbefleckt bezüglich des Ehebruches ist; daraufhin legten die Männer die Steine nieder und gingen davon. Jesus sagte aber zur Frau: „Gehe heim und tue das nie wieder."

Die Auferstehung

Ein Blatt,
vom Winde erfasst,
wird durch die Gegend
getrieben,
es fliegt sehr schnell,
voller Hast,
der Tod macht möglich
das Fliegen.

Das Sterben
ermöglicht das Fliegen,
das Korn wird nicht
vom Winde verweht,
es bleibt tot
in der Erde liegen,
bis es einst
in der Frucht aufersteht.

Die Revolution

Die Revolution
frisst ihre Kinder*,
sie frisst sie leider
alle auf,
die Politik
steckt im tiefsten Winter,
das letzte Kind
ging auch schon drauf.

Man hat die Macht,
man übt sie aus,
die Ideale,
sie sind verraten,
aus dem Irrenhaus
kommt keiner raus,
es gesetzt den Fall,
man wird erschlagen**.

* Nach der Revolution sehen viele Menschen die Ideale, für die sie gekämpft haben, verraten, da nach der Revolution meistens eine radikale Splittergruppe, wie im Oktober 1917 in Russland, die Macht ergreift; diese radikale Splittergruppe wird nicht nur Ideale vernichten, sondern viele Menschen werden ihr jahrzehntelang zum Opfer fallen beziehungsweise unter grausamen Umständen ihr Leben verlieren.
** In den meisten Fällen kann man dieser Diktatur nur als Leiche entkommen.

*Kasachstan**

„Komm, wir fahren mal dorthin",
sagt der kleine Peter,
„wo der Schnee reicht bis ans Kinn,
wo so kalt der Winter,
wo man Schlitten fahren kann,
Ski und Schlittschuh laufen,
Vater, komm nach Kasachstan,
wo die Winde sausen!"

* Verbannungsland der Russlanddeutschen; nach Kasachstan wurden 400.000 Russlanddeutsche deportiert.

Ski fahren

Es gab damals viele Mädels,
keine liebte mich,
Emma, Else und die Gretels,
hatten ein göttliches Gesicht.

Wie hieß denn die im blauen Hemd?
Oh ja, die hieß Anni,
sie ging sehr gerne manchmal fremd
und fuhr ganz prima Ski.

Sie war sehr flott und war auch fit,
am liebsten fuhr sie mit Klaus,
ich konnte mit ihr nie halten Schritt,
kam aus der Spur heraus.

Manchmal verlor ich's Gleichgewicht
und machte meinem Körper weh,
oh, wie brannte mein Gesicht,
tauchend in den Schnee.

Depression

Depression ist ein schweres Joch,
man fällt in ein tiefes, dunkles Loch,
Depression ist stärker, sie hat gewonnen,
darum gibt es aus dem Loch kein Entkommen.

Die Angst treibt mit mir ein gefährliches Spiel,
sie treibt Schindluder, sie macht, was sie will,
sie hat an Händen und Füßen mich gefesselt,
die Seele ist eine große, klaffende Wunde,
die depressive Wunde ist feucht, sie näselt,
sie schmerzt morgens, tags, nachts und zu jeder
Stunde,
depressives Leiden lässt sich nicht teilen,
eine feuchte Wunde kann man nicht heilen,
das Blut in den Venen wird steif, es friert,
die Angst hat den Körper paralysiert,
Phobie hat nur einmal bei mir übernachtet
und schon hat sie meine Seele geschlachtet.

Schwarze Tage, schwarze Nächte,
Ängste spinnen ein schwarzes Netz,
auf dem Vormarsch schwarze Mächte,
auf der Flucht mein kleines Herz.

*Poet der SED**

Ein Poet der Revolution
War nicht schwer zu sein
Man lobte die Illusion
Und die rote Partei**.

Man lobte das Rote
Schimpfte über das Schwarze
Man war der Bote
Mit verlogener Fratze.

Wie mehr man log
Umso mehr stieg man auf
Man log, bis der Balken sich bog
Gen Himmel hinauf.

„Die Partei hat immer recht"***
Schrie laut der Aktivist
Im Walde hämmerte der Specht
Bei uns der Propagandist.

* SED war die herrschende Partei der Kommunisten in der ehemaligen DDR.
** SED
*** Aus dem Lied der Kommunisten in der DDR.

Das Jüngste Gericht

Jesus kommt zu uns herunter,
er befindet sich im Glanz,
es geschehen wieder Wunder*,
Satan** hat vor Wundern Angst.

Tal Josaphat*** ist voll mit Leuten,
Jesus strahlt im hellen Licht,
Franzosen, Russen, auch die Deutschen,
fürchten sich vor dem Gericht.

Jesus gibt dem Engel Zeichen,
das Gericht ist schon so weit,
Satan tut die Sünden beichten,
Jesus tun auch Mörder leid.

Das Gericht hat kurz beraten,
das Urteil ist gefallen gleich:
„Erlauben Sie uns, Ihnen sagen,
Sie dürfen nicht in Gottes Reich.“

Satan bittet um Verzeihung:
„Jesus, Jesus, du bist mein,
gib mir, Jesus, deine Weihung,
mache meine Seele rein.“

Jesus kommt zu uns herunter,
Augen kneifen sich vor Glanz,
es geschehen wieder Wunder,
Satan hat vor Jesus Angst.

* Mit dem Erscheinen von Jesus Christus sollen auch wieder Wunder geschehen.

** Viele Mörder, die bis zum verübten Mord unbescholten waren, haben ausgesagt, dass sie von einer höheren Gewalt getrieben und gesteuert wurden, sie konnten aber dieser Gewalt nicht widerstehen; das ist ein klassischer Beweis, dass es Satan gibt; aus diesem Anlass wird man während der Firmung darauf hingewiesen, dass man dem Satan widersagen soll; sollte man aber an Satan nicht glauben, dann wird man auch nicht versuchen, ihm zu widersagen.
*** Im Tal Josaphat soll das Jüngste Gericht stattfinden.

*OWIR**

Wir
Verteidigen die Interessen
Der Regierung!
Seien Sie still
und halten Sie den Mund!
Wir können die
Familienzusammenführung
nicht erfüllen
und sehen Sie den Grund:

Ihr Vater hat das Vaterland verraten.
Ihr Bruder ist schon lange von hier weg.
Die Mutter ist verstorben und begraben
nach Deutschland fahren,
hat es keinen Zweck.

Wieso? Ich möchte meinen Vater sehen!
Ihr Vater hat auf unser Volk geschossen.
Vielleicht hat er auch
mich
im Krieg verletzt.
Wenn nicht,
dann einem anderen Genossen
die Kugel in die Brust versetzt.
Sie möchten auch
das Vaterland verraten.
Hinaus! Hinaus! Hinaus!
Sie werden nie nach Deutschland fahren,
zu Kohl, zu Hitler und zu Strauß.

* Ausreisestelle in der ehemaligen Sowjetunion

Der Lenz

Lenz mit seinem
Zauberstock
des Lebens,
zieht über Berge, Wasser,
Feld und Wald,
wir warteten
auf ihn nicht vergebens,
jetzt macht er auch
in Deutschland Halt.

Die Bächlein springen
von den Bergen,
sie schäumen wie
ein frisches Bier,
Lenz mit tausend
Zauberwerken,
bezog in Deutschland
sein Quartier.

*Weißrussischer Bahnhof**

Dieser Bahnhof
hat ein doppeltes Gesicht,
aus einem Auge
fallen Tränen,
aus dem anderen
strahlt das Licht
und die Hoffnung,
sich wieder mal zu sehen.

* Moskauer Bahnhof, von dem die Züge gen Westen fahren; in den siebziger Jahren nahmen Aussiedler von ihren Angehörigen Abschied auf Nimmerwiedersehen.

Akupunktur

Eine Nadel in guten Händen,
ist wie ein Wunder in der Nacht,
wo tausend Sterne hängen,
am Himmel voller Pracht.

Sie hängen ohne Schrauben,
ohne Stütze, ohne Seil,
wie tausend Friedenstauben,
bringen sie den Menschen Heil.

Jede Schlacht ist zu gewinnen,
man baut die Zukunft nicht auf Sand,
man kann der Krankheit nur entrinnen,
mit der Nadel in der Hand.

Das schöne Wetter

Das schöne Wetter schlägt jetzt um,
es zeigt uns die dunkle Seite,
der Bauer macht sich auf dem Acker krumm
und trotzdem geht er pleite.

Es gibt für den Bauern einen Segen,
das sind die Wolken und der Regen,
das schöne Wetter sollten wir vergessen,
das schöne Wetter können wir nicht essen.

Nichts zu essen hat mein Vetter,
die Sonne scheint, es ist schönes Wetter,
nichts zu essen hat mein Opa,
die Sonne scheint über ganz Europa.

Vertrocknet ist im Feld der Mais,
die Sonne scheint, es ist schön heiß,
die Kartoffeln wachsen nicht,
die Sonne spendet grelles Licht.

Die Sonne scheint über die ganze Welt,
mit der Sonne macht man gutes Geld,
über das Wetter ist man voller Lob,
obwohl es bringt den nackten Tod.

Die Leute haben wohl vergessen,
das liebe Geld kann man nicht essen,
der Freizeitpark wird immer reicher,
die Leute blass und immer bleicher.

Das schöne Wetter werden wir wohl haben,
nachts und tags tun wir Gräber graben,
das schöne Wetter ist ein Traum,

es wächst kein Gras, es wächst kein Baum.

Die Sonne steckt die ganze Welt in Brand,
Lobbyisten haben im Spiel die Hand,
die Toten tragen wir zu Grabe stumm,
im Kopf sind wir ein bisschen dumm.

Nachdem man die Toten hat bestattet,
hat Moderator zu uns gesagt
(keiner hat gegen ihn geklagt),
dass man für dieses und nächstes Jahr
nur schönes Wetter wohl erwartet,
Himmel bleibt heiter und sonnenklar.

Es klang schon fast nach einem Drama,
für viele war es ein schwerer Hammer,
die Toten waren noch nicht kalt,
weltweit stirbt der grüne Wald,
trotzdem hat der Sprecher es gewagt
und schönes Wetter angesagt.

* Wegen der Erderwärmung und dem kargen Regen klingt das schöne Wetter wie ein Hohn.

Unserem Sohn Paul gewidmet

Ruhe in Frieden, mein lieber Sohn,
auf dem Friedhof, unter den Linden,
beim lieben Gott auf seinem Thron,
wirst du auch noch ein Plätzchen finden.

Ins Gesicht schlug ein rauer Wind,
der Schmerz wurde von der Hoffnung überschattet,
denn du starbst als Engel und als Kind,
darum hast du bei Jesus einen Platz ergattert.

Um unser Herz wird es langsam heiter,
der Glaube hilft, den Himmel zu verstehen,
dieses Leben geht so lange weiter,
bis wir im Himmel uns alle wiedersehen.

*Geschwister Scholl**

Die „Weiße Rose"** gibt's nicht mehr,
Blut von Scholls ist auf sie geflossen,
die Geschwister litten sehr,
unter faschistischen Genossen.

Zerflossen ist der Sand***,
das Leben blieb für immer stehen,
sie gingen Hand in Hand,
auf Nimmerwiedersehen.

Nazis nahmen Einfluss auf die Massen,
man duckte sich und ging vorbei,
man hatte sie alleingelassen,
mit der herrschenden Partei.

Lieber Hans, liebe Sophie!
Wir verneigen uns vor eurem Mut,
wir vergessen die Geschwister nie
und bleiben in Deutschland auf der Hut.

* Hans und Sophie wurden zum Tode verurteilt und am 22.02.1943 hingerichtet.

** „Weiße Rose" war eine Widerstandsgruppe von Studenten, diese Widerstandsgruppe hat im Dritten Reich nur Flugblätter verteilt.

*** Sanduhr

Toter Baum

Der tote Baum spendet keinen Schatten,
er trägt schon lange keine Frucht,
in seiner Baumhöhlung wohnen Ratten
und verbreiten Angst und Furcht.

Da wir alle nach Wohlstand streben,
zwingen wir die Umwelt in die Knie,
der Baum musste des Geldes wegen sterben,
denn des Menschen Gier vergeht wohl nie.

Homo sapiens denkt nur an jetzt und heute,
heute macht er eine wunderbare Beute,
morgen kann der Himmel Feuer speien und die Glut,
morgen ist er bereit zu ersaufen in der Flut,
Hauptsache, es geht ihm jetzt und heute gut.

Die Reise in die Ewigkeit

Es ist nicht so, wie viele meinen,
die Reise geht nicht mit dem Zug,
nur die, die aus dem Leben scheiden,
befinden sich im freien Flug.

Der Weg nach oben ist verborgen*,
man hat die Reise nicht bestellt,
in Gottes Hand ist man geborgen,
man fühlt sich wohl in seiner Welt.

Ganz nackt wurde man geboren,
nackt tritt man auch die Reise an,
manche Seele geht verloren,
der Böse ist wohl schuld daran.

Manche Seele ist jetzt oben,
sie fliegt mit Engeln hin und her,
es kommen neue angeflogen,
der Himmel wird wohl niemals leer.

* Den Flug der Seele kann das menschliche Auge weder registrieren noch erfassen; das Göttliche ist schwer zu begreifen, das Nachdenken aber lässt den Schöpfer erkennen, das, was wir nicht sehen, wird sichtbar durch das, was wir sehen.

Trennung

Bin verliebt, ich werde gehen
Ich verlasse meinen Mann
Ich will ihn nicht mehr sehen
Den Betrüger und Tyrann.

Man kann gegen Liebe sich nicht stemmen
Sie steckt in Knochen und im Blut
Sie tut in jedem Menschen brennen
Denn Liebe ist ein wahres Gut.

Ein fremder Mann ist mir jetzt nah
Ich bin in ihn verliebt
Ich weiß nicht, wie es geschah
Ich hab die Angst besiegt.

Der Tyrann ist jetzt weit weg
Er wird es nimmer wagen
Mich behandeln wie letzten Dreck
Und ins Gesicht mich schlagen.

Liebeskummer

Es fließt ein Bach den Berg hinunter,
das Geräusch zerreißt das Herz,
die Natur ist voller Wunder
und die Liebe voller Schmerz.

Sie hat mir den Verstand genommen,
das Schicksal nimmt einen schlimmen Lauf,
du hast mein Herz nicht angenommen,
der Kummer frisst es völlig auf.

Mein Blut tut in den Adern frieren,
mein Herz hat Angst, dich zu verlieren,
es hat den Schlag nicht überwunden,
mein kleines Herz ist voller Wunden.

Frisch und rosa sind deine Wangen,
nach ihnen hat mein Herz Verlangen,
seit Wochen liegt mein Herz in Wehen,
mein Goldschatz will mich nicht mehr sehen.

Mein krankes Herz, es geht zugrunde,
es hat geschlagen die letzte Stunde,
meine Liebste! Bitte, erbarme dich!
Lass mein verliebtes Herz doch nicht im Stich!

Dein Antlitz bringt mein Herz zum Stehen,
ich bin gelähmt, ich kann nicht gehen,
Leute fragen: „Ist Ihnen was passiert?"
Mein Organismus ist paralysiert!

Ich raffte mich auf, ich kann wieder stehen,
leider können es die Leute nicht verstehen,

dass so ein großer, muskulöser Mann
wegen einer Frau nicht gehen kann.

Die Frau ist wahrscheinlich unheimlich schick?!
Wenn sie in der Lage ist, mit einem Blick,
so einen großen, starken Brocken,
so einfach hauen von den Socken.

Liebeskummer macht, was er will,
er treibt mit mir ein schlimmes Spiel,
ich tu die Frau lieben und sie begehren,
mein Herz ist schwach,
mein Herz kann sich nicht wehren!

Wenn die Liebe mich im Griff nicht hätte,
so wäre ich keine Marionette,
die Liebe hat Macht, sie hat Elan,
ich bin für sie nur ein Hampelmann.

Mein Zustand gibt dem Arzt zu denken,
die Psyche kann man wohl nicht lenken,
organisch bin ich ganz gesund,
das Herz blieb stehen ohne Grund.

Das stimmt so nicht, ein Grund liegt vor,
für die Liebe bin ich nur ein Mohr,
die Liebe hat sich festgebissen,
sie hat in Abgrund mich gerissen.

Mit Absicht tut die Frau mich meiden,
ich kann von der Liebe mich nicht scheiden,
mein Lebtag muss ich unter ihr leiden,
die Liebeswunde wird niemals heilen,
ich möchte mein Herz mit dir teilen!
Ich würde mehr als hundert Meilen,

wie eine Schlange kriechen,
wenn ich dürfte, nur einmal,
an deinen Haaren riechen!
So hätte ich,
ich liebe dich!
Auf allen Fronten wohl gesiegt!
Ich bin unsterblich in dich verliebt!

Die Sonne scheint, der Himmel ist blau,
um das Herz ist es düster und grau,
mir ist es bewusst, ich weiß es genau,
ich komme nicht los von dieser Frau.

Einem anderen Mann ist es gegönnt,
dich zu berühren, dich zu küssen,
vielleicht ist sein Herz zurzeit dir fremd?!
Und ich, ich tu dich so vermissen!

Deine Haare, dein Gesicht, deine Augen,
tun das Blut aus meinen Adern saugen,
mein Herz ist eine ausgequetschte Zitrone,
es ist gelandet in der Abfalltonne,
du aber bist die aufgehende Sonne,
du bist mit der Sonne vergleichbar,
von mir weit weg und unerreichbar,
ein Leben ohne dich ist grausam und bitter,
du machst deinen Spaziergang
und verschwindest wieder,
dann wird es dunkel und sehr kalt,
ich hoffe, du kommst wieder bald,
ich habe dich lieb, ich habe dich gerne,
du bist weit und trotzdem spendest du Wärme,
ich werde aus der Ferne dich lieben,
die Liebesquelle wird niemals versiegen,
du bist für mich unerreichbar,

du bist mit der Sonne vergleichbar,
ich habe dich lieb, ich habe dich gerne,
du bist weit und trotzdem spendest du Wärme.

Nach dem Spaziergang

Nachdem
wir diese Welt
verlassen haben,
sind wir
mal endlich
alle gleich,
im Himmel wird
von uns
wohl keiner
wagen,
sich nennen
König, Kaiser, Scheich.

Nach dem Spaziergang
müssen wir,
räumen
für Nachwuchs
das Quartier,
sich legen
in den Kasten
und für die Sünden
fasten.

Katze

Katze kann nicht nur Mäuse fangen,
sie kann auch klettern auf den Stangen,
auf die Bäume hochzusteigen
und wie kleine Kinder weinen.

Die Katze tut auch gerne spielen,
auf dem Bauch ganz leise kriechen,
sie springt auch gerne auf den Tisch,
wenn es riecht nach frischem Fisch.

Abends kommt sie zu mir ins Bett,
sie ist sehr süß und auch sehr nett,
morgens früh tut sie mich wecken,
bei Gymnastik fleißig strecken,
die Übung tut der Katze gut,
gibt ihr Kraft und macht ihr Mut.

Um fit zu bleiben und gesund zu leben,
muss die Katze sich sehr viel bewegen,
Mäuse fangen, Vögel jagen,
in die Trommel kräftig schlagen,
wir beide tun uns gut vertragen,
kein schlimmes Wort einander sagen.

Apokalypse

Aus Blauem Planeten
wurde Mülldeponie,
die Habgier
des bösen Menschen
vergeht leider nie.

Die Helle verschwindet,
Dunkelheit bricht ein,
Johannes* hat verkündet,
den letzten Sonnenschein.

Der Planet ist in Bewegung,
Schlechte und Gute sind da,
sie stehen ohne Regung,
vor dem himmlischen Altar.

Das Verdikt ist vollzogen,
verschmutzte Erde geht auf,
der Engel kam geflogen,
er nahm die Guten hinauf.

Auf allen Längen und Breiten,
Rauch, Öl und Dreck,
der Mensch verschwand für alle Zeiten,
denn das Böse muss weg.

*Apostel

Der Lebenskampf

Das Leben rollt wie Wasser von den Bergen,
sechzig, achtzig, leider ist es schon so weit,
wir möchten auch mit neunzig noch nicht sterben,
selbst wenn für uns die Sonne nicht mehr scheint.

Man hängt am Leben bis zur letzten Stunde,
dem letzten Atem, bis zum letzten Schrei,
es brennt und schmerzt des Menschen Todeswunde,
doch jeder hofft, das Leben ist noch nicht vorbei.

Ein jeder würde doch noch lange leben,
man hat noch viel zu tun, das ist ein Lebensgrund,
man möchte in keinem Fall dem Tode sich ergeben,
Herr Doktor, ist es wahr? Wann werde ich gesund?

Man hängt am Leben bis zur letzten Stunde,
dem letzten Atem, bis zum letzten Schrei,
es brennt des Menschen seine Todeswunde,
man möchte nicht, man muss, das Leben ist vorbei.

Die Menschheit

Die meisten Menschen sind gestorben,
man sieht die Gräber überall,
die Erde hat sie von uns verborgen,
niemand kennt genau die Zahl.

Wir marschieren in den Tod,
vom Lebensfels hinunter,
manche glauben an den Gott
und an Jesus Wunder.

Viele sind auch Atheisten,
für sie besteht kein Glaube,
wie zum Beispiel Kommunisten,
mit der „Friedenstaube".

*Die Ehe**

Liebe Leute, ihr wisst Bescheid
Ist der Friede Gottes sehr weit weg
Dann sitzt der Wurm in der Ehe drin
Es herrscht im Hause blanker Neid
Man streitet sich wegen jedem Dreck
Das Zusammenleben verliert den Sinn
Die Ehe verliert auch ihren Zweck
Man ist zu allem jetzt bereit
Denn man lebt im Dauerstreit!

Sind die Augen aber friedlich
Dann geht man auf die Wünsche ein
Ab jetzt heißt es unser und nicht mein
Zu Hause wird es auch gemütlich
Denn man verließ das hohe Ross
Und keiner spielt den großen Boss.

Machen sich aber beide groß
So zieht man wohl ein schweres Los
Es ist besser, man macht sich klein
Den Frieden schafft man nie allein
Sind die Partner von der Höhe gleich
So ist man im Herzen und Seele reich
Man kann nur Probleme lösen
Wenn man zu zweit entsagt dem Bösen.

* In Deutschland wird jede dritte Ehe geschieden.

Der Schnee

Wenn Moral und Anstand versagen,
dann entsorgt man die Leichen im Graben,
im sibirischen Straf- und Arbeitslager,
machte ein Loch der sowjetische Bagger.

In das Loch schmiss man die Gebeine,
vom Frost waren sie hart wie Steine,
die Leichen tun mir in der Seele weh,
sie fielen sanft in den weichen Schnee.

Im Lager wird weder diskutiert noch verhandelt,
man tritt gegen den Knochen, bis er kracht,
Geißler und Sadisten haben die Macht,
dank dem Schnee sind die Leichen sanft und
weich gelandet.

Atom

Die Kernenergie
verseuchte die Erde für Hunderte von Jahren,
die Ökologie
ist vollkommen aus den Fugen geraten.

Wohin mit den strahlenden Brennstäben?
Vernichten? Versenken? Vergraben?
Sie gefährden Gesundheit und Leben,
das muss man ganz offen mal sagen.

Wir sind schwer heimgesucht von
Kernkraftwerks¬krisen,
die Leukämie macht weiß das rote Blut,
Knochenmark ist auf Spender angewiesen,
Strahlung tut weder Mensch noch Tieren gut.

Verstrahlt ist der Planet sehr stark,
es wurde gelogen, wir wurden betrogen,
der Mensch wurde zum Leben geboren,
jetzt ist er tot und liegt im Sarg.

Die Industrie
hat erbärmlich versagt,
die Technologie
ist nicht mehr intakt.

Wir wollen mehr Strom, mehr Luxus, mehr Geld,
verursachen deswegen Raub am Planeten,
als ob wir zehn Planeten auf Lager hätten!
Wir haben aber nur die eine Welt!

Unsere Erde ist schwer angeschlagen,
sie ist fast tot, wir müssen sie reanimieren,

sie ist sehr geschwächt, kann nur leise klagen,
wir haben keine Zeit mehr zu verlieren.

Moralische Werte stehen im Stau,
Kernkraftwerke befinden sich im Bau,
sie warten auf den Super-GAU*,
Kernschmelze, Cäsium, Strontium, Jod**,
unser Planet ist in größter Not!
Wegen dem Mensch, dem Vollidiot!

* Ein Atomunfall, der nicht mehr beherrschbar ist.
** Verstrahltes Jod

Ein Grund zum Nachdenken

Wenn man auf das Leben von Frauen pfeift,
wenn man an wehrlosen Frauen sich vergreift,
Frau behandelt wie ein Verbrecher und Sadist,
denk daran, dass sie Tochter, Mutter und Schwester
ist.

Wer dem Drang nicht widersteht,
sich brutal am Kind vergeht,
die Leiche entsorgt im Main oder Rhein,
denk daran, es könnte dein Kindlein sein.

Wer schamlos ist und dreist
der Oma aus der Hand die Tasche reißt,
tut mit schweren Tritten sie traktieren,
der möchte wohl seine nicht verlieren.

Winter

Der Schnee hat Bäume
vom Schlaf
erweckt,
mit weißen Blumen sie
bedeckt,
Flüsse sind ganz glatt
geworden,
haben sich unter Eis
verborgen.

Die Erde ist jetzt ganz
in Weiß,
wir laufen Schlittschuh
auf dem Eis,
man rutscht,
man fällt,
steht wieder auf
und zieht den Schlitten
Berg hinauf.

Die Seele auf dem Weg gen Himmel

Der Tod befreit uns
von jedem Schmerz,
ist das Leiden
auch noch so groß,
sobald zum Stehen
kommt das Herz,
hat man den Schmerz
für immer los.

Der Tod vertreibt
die größte Not,
jede Not, auch die
ganz kleine,
man schließt die Augen,
man ist tot,
schon zieht die Not
die Leine.

Lebensabschnitt

Man wird nicht älter,
sondern reifer,
wie süße Frucht
am grünen Baum,
ein Lebensabschnitt
ohne Eifer,
in jungen Jahren
oft ein Traum!

Der Baum und die Macht des Himmels

Die Natur hat den Baum
wie ein Kind gepflegt,
Herrgott hat ihm
einen grünen Anzug genäht,
jetzt ist er nackt, der Herbst
hat den Anzug weggefegt,
Todeskrämpfe
würden entstehen,
täte der Winter
nicht mehr gehen,
würde es zwölf Monate
nur noch schneien,
so könnte der Baum
weder wachsen
noch gedeihen,
kann die Natur den Winter
über Berge schicken,
so könnte der Lenz mit Fön
den Baum erquicken,
würde die Natur den
Frühling nicht aktivieren,
so würde der Baum
sein Leben wohl verlieren,
schenkt Gott dem Baum
den Segen,
dunkle Wolken
und viel Regen,
dann kriegt er bald,
ein neues Leben.

Weihnachten

Das Jahr,
es geht zu Ende,
die Tanne
steht im Glanz,
wir hoffen
auf die Wende,
wie immer
ohne Chance.

Das Schicksal schlägt
mit schwerem Los,
der Chef hat uns
beschissen,
jetzt sind wir alle
arbeitslos,
er hat uns
rausgeschmissen!

*Die armen Seelen**

Oh Gott, ist das ein grässliches Gewitter,
vielleicht befindet sich die Erde schon im Krieg?
Doch über Venus und Jupiter,
kann man nur schwer erringen einen Sieg.

Der Regen schlägt gegen Wand und Fenster,
die Erde scheint sehr müde wohl zu sein
und ich? Ich sehe Menschen wie Gespenster
und trinke reichlich weiter Wein!

Was wollen denn die Geister hier?
Ich lebe noch und sie sind tot!
Vielleicht kommen sie zu mir,
um zu klagen ihre Not?

Vielleicht leiden sie im Feuer
und ertragen Schmerz und Schreck
und ein starkes Ungeheuer,
geißelt sie mit scharfem Schwert?

Die Welt ist schon alt und müde,
das Jahr Zweitausend ist schon da,
es werden einst die Meere sieden,
oh Gott, hoffentlich ist das nicht wahr!

Die Welt ist gottlos, voller Sünden,
statt zu beten, trinkt man Wein,
die Seelen kommen und verschwinden,
sie möchten gerne mit uns sein.

Sie laufen weg und weinen bitter!
Hier wird gesoffen und geflucht,

darum müssen sie ins Feuer wieder,
wo herrscht das Schwert und brennt die Glut.

Die Erde hat sich müde wohl gelaufen,
sie ist voll Kummer, Sorgen und voll Plag',
sie muss so tief wie vor dem Sterben schnaufen,
als stünde sie schon vor dem Jüngsten Tag!

* Dem katholischen Allerheiligen und Allerseelen gewidmet.

Der Chef und die Mitarbeiter

Der Chef
hat was
Schlimmes
auf den Weg
gebracht,
er hat
den Feiertag
zum Arbeitstag
gemacht,
obwohl sie
lecken
an den
Wunden,
sind sie
ihm dankbar
und sehr
verbunden.

Hessen

Oh, wie breit
sind deine Felder,
oh, wie frei
ist hier das Herz!
Voller Sauerstoff
die Wälder,
keine Spur
vom alten Schmerz.

Oh, wie schön
sind deine Wiesen,
oh, wie rein
ist hier die Luft,
lass dich, Hessen,
von mir grüßen
und genießen
deinen Duft!

*Deutschland**

Ich träume oft von alten Sitten
und von der deutschen Tradition,
von Opa in dem alten Kittel,
von meiner deutschen Nation.

Das Brot war deutsch, das Wasser auch,
der Wald, die Wiese und das All,
aus Omis Herd flog deutscher Rauch,
flog über deutschen Hof und Stall.

Ich träume oft von alten Zeiten,
als deutscher Geist in Deutschland war,
da sah man Deutschland schon von Weitem,
mit seinen Flüssen, himmlisch klar.

Man kannte damals noch die Liebe,
als Jungfrau ging man zum Altar,
wie heiß und sauber waren Küsse,
als deutscher Geist in Deutschland war.

Man hatte Ordnung zur Belohnung,
der Vater war der Herr im Haus,
man war zu zwölft in einer Wohnung,
blieb ruhig, still, wie eine Maus.

Die Mutter war für uns die Ärztin,
sie nahm den Kranken auf den Schoß,
„verschrieb" als Mittel gegen Schmerzen
uns ihren Rat: „Ihr seid schon groß."

Die Großen dürfen doch nicht weinen,
denn Weinen ist doch eine Schand',

die Mutter war für uns die Heimat,
der Vater war das Vaterland.

Ich träume oft von alten Zeiten,
man glaubte damals fest an Gott,
man sah die Kirchen schon von Weitem
und horchte auf das Gotteswort.

Man kannte damals noch die Liebe,
als Jungfrau ging man zum Altar,
wie heiß und sauber waren Küsse,
als deutscher Geist in Deutschland war.

* Deutschland, vor allem die süße Heimat der Kindheit, die durch Vertreibung für immer verloren wurde, im Gedächtnis aber für alle Zeiten haften geblieben ist, diese süße Heimat trägt keine Falten, Narben, Runzeln, Gebrechlichkeit. Auch der Zahn der Zeit konnte weder einen Schatten auf sie werfen noch sie ausradieren, sondern sie ist in der kindlichen Erinnerung stehen geblieben. Der Duft der Blumen, des Waldes, des Regens, des Windes, des Lenzes, des Spätsommers, des Herbstes, des Winters haben sich in der kindlichen Erinnerung fest zementiert. Auch der Rauch, der aus dem Kamin der Großeltern über Stall und Hof flog, ist ein unnachahmliches Aroma der verlorenen Heimat; dieses Aroma suchte ich mein Leben lang und konnte es nie wieder finden. Man kann im Leben fast alles kaufen außer Heimat, auch die Gesundheit ist zum Teil käuflich. Man sprach von der verlorenen Heimat nicht gerne und wenn man schon von ihr erzählte, so fiel das Gesagte in eine klaffende, blutende Wunde, jedes Wort verursachte einen tiefen Schmerz, als ob man mit jedem gesagten Wort den Finger in die offene Wunde gelegte hätte. Nach einer kurzen Schilderung hat man des Schmerzes wegen die Erzählung der Stummheit überlassen. Darum wurde dieser Akt aus dem Leben verdrängt. Nicht, weil man ihn verdrängen wollte, sondern es war ein unerträglicher Schmerz,

davon zu berichten. Dieses Leiden schnürte einem den Hals mit einem Kloß zu und man musste sich entscheiden, ob man noch weiter die Heimat plakativ macht und an dieser Erinnerung eingeht, oder man verschweigt und verleugnet sie und versucht seine geschundene und heimatlose Seele am Leben zu erhalten. Unser Gehirn besitzt aller Wahrscheinlichkeit nach eine wunderbare Eigenschaft, das für immer Verlorene für alle Zeiten im Gedächtnis zu behalten. Keine Propaganda und kein Druck können diese filmische Erfassung ausradieren. Das Verlorene aber, das wieder zu finden ist, wird sehr oft aus der Speicherkapazität des Gehirns gestrichen, da das Auftauchen dieses Abschnittes die Registrierung im Gedächtnis überflüssig macht. Die geraubte und verlorene Heimat kann aber nie wieder in Erscheinung treten, darum hat das Gedächtnis diese Erinnerung im Gehirn für alle Zeiten tief tätowieren lassen. Auch als alter Mensch trägt man diese unbefleckte, süße Heimat der Kindheit mit sich rum. Der alte, müde und verbrauchte Körper ist im Besitz einer unwiderruflichen, schönen, behüteten, warmen, mütterlichen Vergangenheit. Diese Vergangenheit bringt das alte, verbrauchte, verletzte, verwundete, blutende, heimatlose Herz zum Rasen. Diesen hämmernden Herzschlag, der von Sehnsucht und Heimweh getrieben wird, ist mit keiner Pille der Beruhigung zu stoppen, da keine Tablette in der Lage ist, die verlorene Heimat der Kindheit zurückzugeben. Dieser impulsive Herzschlag wird irgendwann nicht mehr zu beherrschen sein. Das Gedächtnis der kindlichen Heimat wird das rasende Herz des Vertriebenen vor sich hertreiben, bis der Heimatlose eines Tages von seiner süßen Scholle der Erinnerung scheidet; erst dann wird die verlorene Heimat der Kindheit nach und nach an Glanz verlieren, bis sie ganz erblasst und in der Dämmerung der Ewigkeit an Bedeutung verliert. Erst dann, nach dem Eintreten des Todes, wird auch die süße Heimat der Kindheit zu Grabe getragen.

Der Krieg

Die alten Wunden heilen nicht,
sie schmerzen immer wieder,
voller Narben ist das Gesicht
und voller Schmerz die Glieder.

Wir zogen damals in den Krieg,
keiner hat gemault,
wir glaubten an den schnellen Sieg,
wir waren gut gelaunt.

Es kam, wie es kommen muss,
der Krieg, er ging verloren,
Stalingrad war der erste Gruß,
der Mythos war verflogen.

Stalinorgel* schickte den zweiten Gruß,
Mancher hat für den Krieg geworben,
am neunten Mai, gab es den letzten Schuss,
man ist das letzte Mal gestorben.

* Raketenwerfer

Passion

Man hat gedacht, man wird es nicht wagen
Und doch hat man ihn ans Kreuz geschlagen
Er suchte weder Ruhm noch Thron
Jesus litt für uns, er war Gottessohn.

Man überschüttete ihn mit Häme und Spott
Schaut ihn an, der Mann ist Gott
Er hat verstoßen gegen römisches Gesetz
Deswegen wird ihm Dornenkrone aufgesetzt.

Dieser Mann hat weder Hab noch Gut
Was er reichlich hat, das ist sein Blut
Sein Mantel färbt sich rot zur letzten Stunde
Denn sein Körper ist eine große Wunde.

Er wird belohnt für seine Plagen
Rot darf nur ein König tragen
In der Hand hält er einen Dornenstrauß
Der König sieht wie ein Herrscher aus.

Die Steine flogen wie ein Hagel
Ins Fleisch schlugen sie den ersten Nagel
Sie versuchten, Sohngottes kleinzukriegen
Weil er sagte: „Man soll die Feinde lieben."

Die Menschen liebten Hass, Gewalt und Neid
Die Liebe war für sie der größte Feind
Haut man dir auf die linke Wange
Keine Angst und keine Bange
Als Christ halte ihm die rechte hin
Dich zu schlagen hat es keinen Sinn
Das wird man wohl sehr schnell begreifen
Und Abstand nehmen von Backpfeifen.

*Der Nächste**

Wenn der Nächste
an seinen
Wunden leckt,
bitte, bleibe cool
und heiter,
mit vollem Schwung
tritt nach,
bis er verreckt,
wichtig ist,
man kommt
im Leben weiter.

Das Gift**
muss man eigentlich
entsorgen,
die Hinkels
bekamen es
zum Fressen,
vom Gift
sind die Hühner
nicht gestorben,
also
kann der Mensch
die Eier essen.

* Jesus sagte: „Was du dem Nächsten angetan hast, das hast du mir angetan."
** Leider nicht ab und zu, sondern immer wieder werden Lebensmittel, besonders Eier, mit Dioxin verseucht.

Mord

Ein Baum
hat uns
verlassen,
man hat ihn
abgeschlagen,
man müsste
es wagen,
die Menschheit
zu hassen!

*Das weiße Kopftuch**

Die Freiheit hat man uns genommen,
man steckte die Ehre in den Dreck,
indem man hat dem Volk befohlen,
jetzt muss auch noch der Herrgott** weg.

Den Frauen haben wir es zu verdanken,
sie waren mutig, sie zogen los,
sie brachten das System ins Wanken,
mit ihrem Kopf, er war nicht bloß.

Mit weißem Kopftuch ging man demonstrieren,
man zog zum Rathaus und blieb dort stehen,
man wollte den Herrgott nicht verlieren,
der Herrgott bleibt! Das sollen alle sehen!

Wie wird die Staatsmacht reagieren?
Wenn man den Diktator besiegen will,
dann hat man sehr vieles zu verlieren,
man setzt das Leben auf das Spiel.

Todesangst war ins Gesicht geschrieben,
die Frauen standen mutig da,
klein werden die uns niemals kriegen,
der Herrgott bleibt uns für immer nah.

Die Frauen kamen immer wieder,
das Kreuz blieb hängen im Klassenraum,
sie knieten vor dem Herrgott nieder,
sie waren Helden und merkten's kaum.

* 1943 hat man ein Gesetz erlassen, dass Kruzifixe bzw. Kreuze aus den Klassenräumen entfernt werden müssen; den bayerischen

Frauen ging das Gesetz zu weit, sie zeigten Mut und demonstrierten täglich stillschweigend, mit dem weißen Kopftuch als Symbol des Widerstandes, vor dem Münchener Rathaus. Die Staatsmacht gab nach, die Kreuze blieben in Klassenräumen hängen.
** Kruzifix

Ernährung (Prosa)*

Als der Mensch nicht mehr den Schöpfer
Anbetete, sondern das Geld
Versuchte er von diesem Zeug
So viel wie möglich zu haben.

Um genug davon zu haben
Vergiftete er die Meere
Dann aß er den vergifteten Fisch
Und wurde nur einfach krank
Das war ihm nicht genug!

Als die Meere vergiftet waren
Griff er in den Zyklus des Allmächtigen ein
Und zwang die Kuh zum Kannibalismus**
Dann aß der Mensch das Kannibalenrindfleisch
Und wurde wahnsinnig***.

Er fügte den Tieren Körperverletzung zu
Indem er ihnen Antibiotika, Nitrofuran,
Hormone, Dioxin, Nitrofen
Und so weiter zu fressen gab.

Dann aß er das Fleisch
Von den vergifteten Tieren
Und wurde nicht einfach
Sondern unheilbar krank.

Als man das Fleisch
Nicht mehr essen
Die Luft nicht mehr atmen
Und das Wasser nicht mehr trinken konnte
Trug der Mensch das angehäufte Geld
Zu einem großen Haufen zusammen

Und tanzte wie um das Goldene Kalb herum
Bis er den Geist aufgab.

* Dieser Beitrag wurde 2004 veröffentlicht, leider schlittern wir, in der Zeitspanne von 2004 bis 2011, von einem Lebensmittelskandal zum anderen, es hat sich bis heutzutage in der Lebensmittelbranche nichts geändert und es wird sich auch nichts ändern. Nach jedem Lebensmittelskandal rufen wir nach mehr Kontrolle und nicht nach moralischen Werten. Aber wer kontrolliert den Revisor? Hätten wir ein bisschen mehr von moralischen Werten auf Lager, dann könnten wir viel Unglück in der Familie, am Arbeitsplatz oder im Gesundheitswesen vermeiden.

** Man gab dem Wiederkäuer Fleisch zum Fressen.

*** Bovine spongiforme Enzephalopathie, BSE, Rinderwahnsinn.

*Franziska Merk**

Hoch zu Ross?
Das war wohl nicht vom Schlimmsten!
Auch die Kälte war mit Demut zu ertragen,
doch die Abstempelung zu Faschisten,
Sadisten, Fritzen,
das waren die größten Plagen.

Junges Mädel, unschuldiges Wesen,
verlorene Zeit, vergeudete Jugend,
Gerechtigkeit, wo bist du damals gewesen?
Weshalb
gabst du nicht freien Lauf deiner Tugend?

Gerechtigkeit,
es ist mir leider aufgefallen,
du warst damals blass, schwach und mager,
Ungerechtigkeit
mit langen, scharfen Krallen,
steckte die Gerechtigkeit
ins Arbeitslager.

* Franziska Merk musste wie alle Russlanddeutschen in der ehemaligen Sowjetunion von 1941 bis 1956 Zwangsarbeit verrichten.

Die Sklaven und wir

Man traktierte sie mit schweren Ketten
Sie waren keine Marionetten.

Die Freiheit war angeschlagen,
sie ging an den Krücken.
Sie waren Sklaven,
aber nicht aus freien Stücken.

Der Slogan war damals sehr modern:
„Der Sklave zeigt die Stirn dem Herrn"!

Lieber aus dem Leben scheiden
Statt vor dem Herrn sich zu verneigen
Sklave Spartakus war kein Sieger
Aber er war kein schlechter Krieger.

Die Freiheit ist uns jetzt gegeben
Wir tun sie hätscheln und sie pflegen
Sie reicht leider bis zum Firmentor
Denn hinter dem Tor ist man der Mohr.

Der Sklave war im Geiste frei
Bei jedem Aufstand war er dabei
Ihn trieb die Peitsche, nicht der Wecker
Er war ein Sklave, aber kein Speichellecker
Wir aber tun vor dem Chef uns bücken
Nicht aus Zwang, aus freien Stücken.

*Der Engel des Herrn brachte Maria die Frohe Botschaft**

Die Frohe Botschaft ist ein Kern,
aus ihm wächst Gottes Liebe,
sie kam von oben, sie kam vom Herrn,
sie legte ein Kindlein in die Wiege.

Es wurde hell in der dunklen Nacht,
denn der Engel hat sie uns gebracht,
jedes Kind war in Gefahr,
denn man schrieb das erste Jahr**.

Der Gottesstern blieb auf einmal stehen,
man konnte ihn ganz deutlich sehen,
den Stern konnte man sehen überall,
darum zog es die Menschen zu dem Stall***.

Es kamen Leute klein und groß,
auch Dreikönige**** zogen los,
sie kamen mit den milden Gaben,
Gott schützte sie und seinen Knaben.

Herodes ließ die Messer wetzen
und auf Kinder Hunde hetzen,
Bethlehem hieß diese Stadt,
die Christus verlassen hat.

Jesus kam mit seiner Liebe,
das erschreckte Mörder, Diebe,
sie liebten aber Macht und Vermögen,
darum wollten sie das Kindlein töten.

Die Frohe Botschaft ist gekommen,
wir kneifen die Augen vor der Klarheit,

wir haben sie nicht angenommen,
denn wir zweifeln wohl auch an der Wahrheit.

Wir zweifeln unser ganzes Leben,
wir leben ohne Gottessegen,
auch wenn wir eine Frohe Botschaft kriegen,
ist uns die Verzweiflung ins Gesicht geschrieben.

* Statt sich auf die Frohe Botschaft zu freuen, stellen wir in den Mittelpunkt den Zweifel, bis wir daran verzweifeln.
** Mit der Geburt von Jesus Christus beginnt eine neue Ära der Jahreszählung.
*** Jesus kam im Stall zur Welt.
**** In den katholischen Bundesländern ist am 6. Januar des Dreikönigsfestes wegen frei.

Der verlorene Sohn

Es klopfte jemand in der Nacht
Wer könnte das denn sein?
Wen hat der Wind zu uns gebracht?
Wer will zu mir denn rein?

„Lieber Vater, mach doch auf
Lass die Tür nicht verschlossen
Ich ging Berg runter, Berg hinauf
Du sollst mich nicht verstoßen.

Vater, für dich ist das vielleicht ein Schock
Für mich war das ganz normal
Ich aß mit Schweinen aus einem Trog
Mein Zuhause war der Stall.

In deinem Hause herrschte Frieden
Vater, wäre ich doch bei dir geblieben
Mein Herz und Seele waren leer
Mir war nichts gut, ich wollte mehr.

So ging ich in die Welt hinaus
Und verließ mein Vaterhaus
Ich sah nur Elend, Not und Schreck
Das Geld des Vaters war schnell weg.

Lieber Vater, mach doch auf
Dein Sohn steht vor deiner Schwelle
Ich wollte leider hoch hinauf
Bin gelandet in der Hölle.

Wie herrlich schmeckte einst dein Essen
Lieber Vater, das habe ich nicht vergessen

Ich wusste es damals nicht zu schätzen
Versuchte dich, Vater, zu verletzen.

Ich fühlte mich bei dir geborgen
Vor Sehnsucht wäre ich fast gestorben
Himmlisch schmeckte Vaters Brot und Wein
Lieber Vater, lass mich bitte rein."

Das Gebet

Da ich das Leben so gerne mag,
möchte ich heute noch nicht sterben,
lasse mich bitte noch einen Tag,
relaxen in den schönen Bergen.

Der Weg zu dir ist ziemlich weit,
vielleicht zeigst du Barmherzigkeit
und lässt mich übermorgen noch hier,
in meinem irdischen Quartier.

Ich möchte nicht aus dem Leben scheiden,
Bezug dessen hast nur du zu entscheiden,
trotzdem wäre ich dir sehr verbunden,
falls du mich befreist von meinen Wunden!
Jesus, befrei mich von meinem Schmerz!
Lieber Herrgott, zeig dein liebes Herz!

Ich möchte meine arme Seele pflegen,
Buße tragen und viel beten.
Ist die Seele eines Tages rein,
so würde ich gerne bei dir sein.

Nimmt das Gebet von mir mein schweres Leiden,
so würde ich auf der schönen Erde bleiben
und auf den Wiesen und in den Bergen weilen,
Herr, du hast Bezug dessen zu entscheiden!

Tragödie, die zum Alltag geworden ist

Das Tischtuch ist zerschnitten,
ich nahm für immer meinen Hut,
zwei Menschen sind zerstritten
und zwei Herzen sind voller Wut.

Ich war in dich sehr tief verknallt,
ich saß wie ein Kind zu deinen Füßen,
die Liebe hatte keinen Halt,
dein Antlitz wollte ich ständig küssen.

Wir haben uns sehr schwer verletzt,
wir legten die Finger in die Wunde,
jetzt regelt alles das Gesetz
und unsere Liebe geht zugrunde.

Die Liebe war für uns Garant
für Edles, Schönes, Gutes,
sie war für uns die zarte Hand,
wir waren guten Mutes,
sie gab uns Halt, sie war die Säule,
jetzt zeigt sie ihr hässliches Gesicht,
indem sie wie eine Schlange kriecht,
streut in die Augen feinen Sand,
zerstört unsere Lebensräume,
zwischen uns wächst eine hohe Wand,
so hoch und stark wie Bäume,
zügellos prügelt einst die zarte Hand,
mit einer schweren Keule.

Die Seele, das Gebet und der liebe Gott

Ich möchte nicht ohne Seele sein,
kein Affe, kein Ochse und kein Schwein,
sie stehen zwar nicht in der ersten Reihe,
bekommen weder Taufe noch Weihe,
sie sind kein Gegenstand, keine Garnitur,
sondern von Gott sehr geliebte Kreatur,
die Tiere sind kein zweiter und kein dritter Grad;
als Mensch ist man froh, dass man eine Seele hat.
Man hat nach oben einen heißen Draht,
ob in der Steppe, Wüste oder im Wald,
zu jeder Stunde kann man ihn erreichen,
mit ihm plaudern oder einfach beichten,
unser Handy ist zweitausend Jahre alt,
Kommunikation haben wir erfunden,
mit dem Gebet die Entfernung überwunden,
man kann erreichen den lieben Gott,
aus jedem Winkel und jedem Ort.

Der Glaube versetzt Berge

Mit Gottes Kraft und Gnade heilen alle Wunden
Mögen sie noch so tief und blutig sein
Irgendwann haben wir das Elend überwunden
Gott lässt einen mit dem Leid nie allein.

Jedes Leiden ist an Zeit gebunden
Irgendwann sind wir von ihm entbunden
Ist das Elend noch so groß
Irgendwann lässt es uns los.

Für uns wächst das Gras viel zu langsam
Auch das Gras, es braucht so seine Zeit
Mit dem Gebet sei nicht so sparsam
Erzähle ihm alles über unser Leid.

Der Herrgott weiß sehr wohl Bescheid
Obwohl er ist von uns ganz weit
Der Regenbogen ist ein Zeichen
Dass die bösen Geister weichen.

Habe Zuversicht und Mut
Der neue Tag, er wird schon kommen
Schau, das Elend ist zerronnen
Und es ist wieder alles gut.

Der Allmächtige

Unsere Hände
sind gebunden,
der Allmächtige hat
zu entscheiden,
wir dachten,
wir hätten ihn
überwunden,
wir versuchten
den Herrn
zu meiden.

Das Leid
war schwer
zu ermessen,
der Regen blieb aus,
es gab nichts zu essen,
wir hatten von oben
keinen Segen,
das Leben
war dem Hunger
unterlegen.

Leider musste ein Elend
geschehen,
um die göttliche Kraft
zu verstehen,
es ist kein Wunder,
dass das Gehirn
nicht richtig tickt,
denn es ist
nach dem Muster
von Ego gestrickt.

Verkalkung

Ich kann leider
nicht mehr denken,
das Denken lässt sich
nicht mehr lenken,
das Gehirn ist schwer
und trotzdem leer.

Das Blut
kann nicht mehr
richtig fließen,
ich habe verloren
meinen Sinn,
Leute,
ich könnte mich
glatt erschießen,
denn ich weiß nicht,
wer ich bin!

Zacharias

Die Begegnung mit einem Wesen
Macht uns krank oder gesund
Ein guter Mensch kann uns genesen
Ein schlechter stürzt uns ins Verderben
Er macht uns krank und lässt uns sterben
Er ist schlimmer als ein Hund.

Zacharias wollte Jesus nah erleben
Darum stieg er auf einen Baum
Von oben konnte er Jesus besser sehen
Denn von unten sah er Jesus kaum.

Die Krüppel waren voller Plagen
Jesus sagte: „Ihr sollt es wagen
Auf den Beinen wieder stehen
Und wie gesunde Menschen gehen."

Da war das Staunen aber groß
Die Invaliden liefen los
Die Blinden sahen endlich Licht
Denn Jesus ist die Zuversicht!

*Wir sind geteilt**

Der Regenbogen steht am Himmel
und auf der Erde liegt der Schnee,
das halbe Pferd ist nur ein Schimmel,
das halbe Herz tut mir nur weh.

Die halbe Heimat ist verloren,
man versteht nur das halbe Wort,
unterwegs ist man geboren,
zwischen hier und zwischen dort.

Das Vaterland ist auch zerrissen,
die Stadt Berlin ist auch geteilt,
wir können nur das Halbe wissen,
das halbe Leben tut nur leid.

* Mittlerweile sind Deutschland und Berlin wiedervereint.

Das Heilige Römische Reich Deutscher Nation
Die Goten

Auf diesen Felsen kann man bauen
Goten Felsen im Deutschen Reich
Diesen Felsen kann man trauen
Keiner ist von ihnen weich.

Weder Regen noch der Wind
Können sie zerstören
Hier möchte jedes deutsche Kind
Feierlich der Treue schwören.

Besser sterben auf dem Feld
Wie ein Krieger und deutscher Held
Man fand keinen Platz für die Verräter
Sie starben auch, nur etwas später.

Sie waren immer auf der Reise
Die Goten zogen bis nach Rom
In Rom gab es reichlich Obst als Speise
Dort herrschte Kaiser auf dem Thron.

Die Goten hatten keinen Kaiser
Trotzdem standen die Goten gerne stramm
Der große Herzog* war ihr Meister
Es war eben ein kriegerischer Stamm.

Goten Herz, was willst du mehr?
Wann findest du denn deinen Frieden?
Es zog zum Schwarzen Meer**
Es ist in Deutschland nicht geblieben.

In Spanien war es auch zu Hause
Die Goten zogen runter, sie zogen hinauf

Die Goten machten weder Rast noch Pause
Sie gingen leider in den fremden Völkern auf.

* Zog vor dem Heer

** Die Goten siedelten auch am Schwarzen Meer bzw. in der Ukraine.

Marx und Engels

Marx und Engels wollten nach Brüderlichkeit streben,
sie gingen in die Sowjetunion,
sie wollten den Kommunismus hautnah erleben,
zwei Vertreter der deutschen Nation.

Sie haben den Marxismus* in Sibirien erlebt,
als Deutsche hat man sie nach Sibirien verschleppt,
dort war Engels kein Kommunist,
sondern ein elender Faschist.

Dem Marxismus wurde schwer zugestoßen,
man nahm in Haft den deutschen Marx, den Großen,
der sowjetische Ukas** war sehr grässlich,
der Ukas war schlimm und auch sehr hässlich.

Marx und Engels waren deutscher Nation,
sie trieben voran die Integration,
Marx und Engels haben viel Schnaps*** gesoffen,
trotzdem waren sie vom Ukas betroffen.

Marx und Engels waren jetzt Banditen,
unter dem Ukas haben sie gelitten,
auch ein deutscher Kommunist,
war ein Verbrecher und Faschist.

* Marxismus ist eine Lehre von Marx und Engels.

** Nach diesem Ukas bzw. Gesetz wurden alle Volksdeutsche, auch Volksdeutsche, die Kommunisten waren, zum inneren Feind der Sowjetunion erklärt. Von 1941 bis 1956 waren sie inhaftiert. Da Marx und Engels deutscher Herkunft waren, hätten sie das Schicksal der Volksdeutschen teilen müssen. Die Folgen dieses Gesetzes waren: Vertreibung, Arbeitslager, Verbannung,

Beschimpfung, Erniedrigung; sie hätten eine menschenverachtende Diskriminierung über sich ergehen lassen müssen.
*** Schnaps ist auch ein Teil der Integration.

Der Sex hat ins Kinderzimmer Einzug gehalten

Wir sind satt, wir sind übersättigt,
der Konsum hängt aus dem Hals,
der Honig ist bitter wie ein Rettich,
die Werbung tanzt die Schwanenbalz.

Die Werbung wirbt für Sex und Pillen,
man ist mit dreizehn schon dabei,
statt mit der Puppe, wie einst, zu spielen,
treibt man als Kind die Schweinerei.

Der Rubel muss leider immer rollen,
die Werbung treibt ein schlimmes Spiel,
die Kindheit hat sie wohl gestohlen,
bei Hans, bei Lisa und bei Bill.

Die Gefühle sind verloren,
abgestumpft ist das kleine Herz,
keiner ist mehr auserkoren,
die Liebe ist ein schlechter Scherz.

Möchte man die Liebe
einst erleben,
so muss man nach Keuschheit
und Reinheit streben,
die Kinder sollen
mit Puppen spielen
und nicht mit Kondomen
und mit Pillen.

Die marode Liebe
muss schwer schnaufen,
sie hält sich verdeckt
im Hintergrund,

den schmutzigen Sex
kann man leider kaufen,
für Dollar, Euro
und für Pfund.

Die Liebe aber ist nicht käuflich,
voller Stolz ist ihr graziöser Schritt,
sie ist zu Gast bei uns nicht häufig,
nicht Sex, sondern sie bringt Ekstase mit,
die Liebe ist das Schönste, was es gibt!

Inhalt